Karl Weber

F. W. Baedeker

Ein Weltreisender Gottes

Georg Müller

Vater für 10 000 Waisen

Verlag
der Liebenzeller Mission
Bad Liebenzell

Dieses Buch ist eine Veröffentlichung der
TELOS-Verlagsgruppe.
TELOS-Taschenbücher und TELOS-Paperback-Ausgaben sind „zielbewußt“, wegweisend und biblisch orientiert. TELOS-Bücher können Sie unbedenklich weitergeben, sie wurden verantwortlich ausgewählt.

ISBN 3 88002 002 7

TELOS-Taschenbuch Nr. 68

Umschlagzeichnung: Helmut Sigle
Gesamtherstellung: St.-Johannis-Druckerei, 763 Lahr-Dinglingen
Printed in Germany 13254/1974

Inhalt

F. W. Baedeker — Ein Weltreisender Gottes

Georg Müller — Vater für 10 000 Waisen

Aus dem Leben und Wirken von Dr. phil. Friedrich Wilhelm Baedeker

Dr. Friedrich Wilhelm Baedeker war ohne Frage einer der gesegnetsten Boten Jesu seiner Zeit. Gefahrvolle und beschwerliche Reisen führten ihn achtzehn Jahre lang bis in den äußersten Osten Asiens. Was war es denn, was diesen feingebildeten Mann immer wieder hinaustrieb in die Eiswüsten und all die Entbehrungen? Er hatte doch in England ein schönes, gemütliches Heim und eine liebe Frau.

Zwei Anliegen waren es, die ihn in erster Linie bewegten. Erstens: Er wollte in mancherlei Sprachen das Evangelium denen sagen, die es sonst nicht empfingen. Zweitens: Er suchte solchen Kindern Gottes, die um ihres Glaubens willen verbannt waren und oft alle Gemeinschaft entbehren mußten, Herz und Hand zu stärken.

Das alles wurde ihm, wie wir noch sehen werden, in reichem Maße geschenkt. Seine Bildung und seine rednerische Begabung brachte er Gott zum Opfer. Bis ins 83. Lebensjahr diente er ihm in harter und unermüdlicher Arbeit. Jemand, der ihn genau kannte, hat von ihm gesagt: „Der Gedanke an das, was ihm etwa zustoßen könnte, rührte ihn gar nicht. Sein Leben hatte für ihn nur den Zweck, es für Gott zu leben. Es zu leben, oder es dranzugeben, ihm galt beides gleich, wenn nur Gott geehrt wurde."

Den Mann mit solch brennendem Herzen führte Gott in die Weite und gab ihm ein Missionsfeld besonderer Art. Wir finden ihn in Konstantinopel und Smyrna, unter Juden und Armeniern, Türken und Griechen. In Österreich-Ungarn und Finnland, in Rußland und England, in der Schweiz und nicht zuletzt auch in seiner alten deutschen Heimat verkündigt er seinen Herrn. — Was für verschiedene Freunde, denen er bald „der treue Vater Baedeker" wurde, hatte er doch! Die einen hochgelehrt und feingebildet, die andern des Schreibens und Lesens unkundig. Die einen wohnten in Schlössern, die andern hausten, in Ketten geschmiedet, in Sibirien. Allen hatte er die gleiche Botschaft auszurichten: daß wir das Leben nur im Sohne Gottes haben, und daß wir Sünder uns zu ihm bekehren dürfen.

Jugend und Wanderjahre

In Witten a. d. Ruhr stand die Wiege von Friedrich Wilhelm Baedeker. Dort wurde er am 3. August 1823 geboren. Sein Vater war ein bedeutender Naturforscher. Mit 16 Jahren kam der junge Friedrich für drei Jahre in eine Lehre nach Dortmund und später zur Ableistung einer zweijährigen Militärzeit nach Köln. Im Juni 1851 verheiratete er sich mit Auguste Jacobi, aber schon im September des gleichen Jahres wurde ihm seine junge Frau wieder durch den Tod entrissen. — Jetzt begann für ihn ein unruhvolles Wanderleben, das ihn in verschiedene Teile Deutschlands führte. Im Jahre 1854 reiste er nach London. Von dort wanderte er nach Australien aus, das er kreuz und quer durchzog. Zwischendurch war er an verschiedenen Schulen Lehrer in Deutsch und Französisch. 1858 kam er wieder nach Europa und auch in sein Vaterhaus. Im Jahre darauf ging er zum zweiten Mal nach England und eröffnete mit einem Freund zusammen in Weston-super-Mare eine höhere

Schule. Dort lernte er auch jene Frau kennen, mit der er sich im Juni 1862 verheiratete. Es war die junge Witwe des Kapitäns Ormsby von der britischen Flotte in Indien. In Weston-super-Mare wurde Dr. phil. Baedeker auch englischer Staatsbürger. Diesen akademischen Grad hatte er sich in Deutschland an der Universität Freiburg erworben.

Von Christus ergriffen

Im Jahre 1866 hielt Lord Radstock in Weston-super-Mare eine Evangelisation. Durch den Dienst dieses Gottesmannes entstand an vielen Orten neues geistliches Leben. Wie durch ihn auch Dr. Baedeker den Herrn Jesus fand, entnehmen wir am besten dem lebendigen Bericht von Douglas Russell, der uns jene entscheidende Stunde schildert: „Auf eifriges Drängen eines Herrn, der selbst eine Frucht dieses Werkes war, und den Dr. Baedeker kannte, versprach er zögernd, einer Versammlung beizuwohnen. Sein Interesse war erregt. Er wiederholte seine Besuche, aber er machte es immer möglich, den Ausgang zu gewinnen, bevor der Evangelist am Schluß der Versammlung ihn erreichen konnte. Nachdem er mehreren Versammlungen beigewohnt hatte, zögerte der Doktor eines Abends zu lange oder kam zu weit nach vorn, so daß er im Gedränge den Ausgang nicht rechtzeitig zu gewinnen vermochte. Jedenfalls glückte es Lord Radstock, an ihn heranzukommen. Er legte ihm die Hand auf die Schulter und sagte: ‚Lieber Freund, Gott hat durch mich heute abend eine Botschaft für Sie.‘ Damit nötigte er ihn, in das Nebenzimmer zu treten. Das geschah vor aller Augen. Bald lagen beide auf den Knien. Während dieser feierlichen Augenblicke spielte sich in Dr. Baedekers Seele ein innerer Vorgang ab, durch den sein jahrelanger Unglaube für immer verschwand. Er beugte sich vor Gott. Er traute seinem Heiland, und bald erfüllte der Jubel der Errettung sein Herz. Die Erfahrung dieser denkwürdigen Nacht faßte er treffend in die Worte: ‚Ich kam hinein als ein stolzer, deutscher Ungläubiger und heraus als ein gedemütigter, gläubiger Jünger des Herrn. Gott sei gepriesen.'"

Seiner Frau waren Tanz und Musik bisher das größte Vergnügen gewesen. Nun schaute sie staunend auf diese „merkwürdigen Versammlungen einen Tag nach dem andern". Sie spürte die Veränderung ihres Gatten und seinen entschiedenen Entschluß, Treue zu halten und voranzukommen. Da sagt sie: „Vielleicht weise ich etwas zurück, das ich vielmehr ergreifen sollte." Sie begleitete ihn in eine Versammlung, ward erweckt, binnen kurzem errettet, und so empfingen beide „denselben teuren Glauben". Als „Miterben der Gnade des Lebens" waren sie hinfort gedrungen von der Liebe Christi, der sich selbst für uns gegeben hat, eins in dem Drange, das Erfahrene weiterzugeben, ja sich selbst darzugeben für das ewige Heil anderer.

Geheilt an Leib und Seele!

Schon jahrelang hatte Dr. Baedeker eine sehr zarte Gesundheit. Er konnte mit seiner Frau keinen Spaziergang machen ohne alle möglichen Vorsichtsmaßnahmen gegen Herzschwäche. Seine Lebenskraft war derart gering, daß er von seinen Verwandten für einen Todeskandidaten gehalten wurde. Dieser Mann empfing jetzt auf einmal eine ganz neue Kraft und Gesundheit. Er erfuhr Psalm 103, 3 auch hinsichtlich seines kranken Körpers: „... der dir alle deine Sünden vergibt und heilet alle deine Gebrechen ...“ Während 40 Jahren hatte er nie mehr eine ernstliche Krankheit. Als er einmal gefragt wurde, wie er denn mit seinem schwachen Körper all die Strapazen seines Dienstes aushalten könne, antwortete er: „Ich lebe buchstäblich vom Worte Gottes, von Jesaja 40, 31: ‚... die auf den Herrn harren, kriegen neue Kraft, daß sie auffahren mit Flügeln wie Adler, daß sie laufen und nicht matt werden, daß sie wandeln und nicht müde werden.‘“ Psalm 27, 1 war für ihn Wirklichkeit: „...der Herr ist meines Lebens Kraft...“ Er vertraute seinem Herrn ebensosehr für den Leib als für die Seele. Dabei hat er die Heilung des Leibes nie in den Vordergrund gerückt oder sie gar zum Mittelpunkt seiner Verkündigung gemacht, wie das heute vielfach in unnüchterner Weise geschieht.

Erste Dienste

Nach seiner Bekehrung zog es ihn wieder mit Macht in seine deutsche Heimat, um seinen Landsleuten das Heil zu bezeugen, das er erfahren hatte. In den Briefen aus jener Zeit berichtet er dankbar davon, wie Gott ihm in Witten Türen aufgetan hat. Viele seiner ehemaligen Schulkameraden haben ihn gehört und waren ihm herzlich dankbar. „Wir hatten eine herrliche Zeit, dem Herrn sei Dank!“ heißt es in einem Brief aus jenen Tagen. Freilich muß er auch klagen: „Die Lehre von der Taufwiedergeburt ist das Leichentuch, in das der Leichnam des religiösen Lebens in Deutschland geschlagen ist. Aber Gottes Geist ist am Werke unter den Seelen.“

Auch in Berlin fand er einen guten Eingang. Treffend bemerkt sein Biograph R. S. Latimer: „Sobald Dr. Baedeker zu arbeiten begonnen hatte, hatte Gott auch zu segnen begonnen.“ Eine Frucht seiner Berliner Arbeit war auch die Bekehrung von Fräulein Toni von Blücher. Sie hörte seine Ansprache über das Thema: „Was der Heilige Geist tut, um das Opfer Christi klar und kräftig zu machen.“ In jener Stunde wurde nicht *über* den Heiligen Geist geredet, sondern er selbst, der Geist Gottes, wirkte mit Macht an ihrem Herzen. Als sie heimkam, schloß sie sich in ihr Zimmer ein und übergab sich dem Herrn Jesus. „Herr, jetzt oder nie!“ rief sie in jener Stunde aus. Fräulein von Blücher fing dann mit frohem Glaubensmut in Berlin an zu wirken und führte viele Menschen zu Jesus.

Evangeliumsdienst in Rußland

Im Jahre 1877 verließ Dr. Baedeker mit Frau und Kind sein schönes Heim in Weston-super-Mare und zog für drei Jahre nach Rußland. Er wollte zunächst unter der deutschsprechenden Bevölkerung dort wirken. Über seine erste Versammlung, die er auf russischem Boden, in Mitau in Kurland, hielt, berichtet R. S. Latimer: „Von seinem Hotel aus machte er sich sogleich auf den Weg zur Wohnung des Gouverneurs. ‚Ich halte mich nur für einige Tage in Ihrer Stadt auf‘, sagt er. ‚Hier sehen Sie meinen Paß. Ich komme aus England. Ich bin Evangelist und möchte hier eine Versammlung halten. Wollen Sie mir Ihren Salon zur Verfügung stellen, so will ich die Versammlung leiten und eine Ansprache halten.‘ — ‚Mit dem größten Vergnügen‘, antwortete der Gouverneur. ‚Mein Salon steht Ihnen zur Verfügung, und meine

Freunde und Bekannten sollen auch ‚zur Verfügung' sein. Ich will das Meine tun, daß Sie einen vollen Saal haben.' — Er erfüllte sein Versprechen und lud seine Freunde und Nachbarn zusammen ein wie der Hauptmann Kornelius von Cäsarea, als Petrus in ähnlicher Absicht zu ihm kam. Ein Prediger hätte sich kein aufmerksameres und ernsteres Publikum wünschen können als die Zuhörerschaft bei dieser Verkündigung des Wortes in dem prächtigen Festsaal des Mitauer Rathauses." Nicht immer ging alles so schnell und so gut wie bei jener ersten Versammlung. Oft mußte er erst viele Behörden aufsuchen, bis er überhaupt die Erlaubnis bekam, einen Saal mieten zu dürfen. Das war sehr mühsam und zeitraubend. Später hat er es häufig anders gehalten und einfach ohne Erlaubnis angefangen, zu arbeiten. „Vorwärts, bis man Halt ruft! Das spart Zeit", so meinte er. Und wenn er darüber gelegentlich in Haft kam, so machte ihm das auch nicht viel aus.

Erweckung unter dem russischen Hochadel

Um dieselbe Zeit, als Dr. Baedeker seine Arbeit in Rußland begann, war an einigen Gliedern des russischen Hochadels Großes geschehen. Namhafte Persönlichkeiten waren zum lebendigen Glauben gekommen. Das Werkzeug, das Gott gebrauchte, und das gewissermaßen die Tür aufbrach, war wieder Lord Radstock, der geistliche Vater Dr. Baedekers. Es war im Jahr 1874, als er mit Graf M. M. Korff, dem Zeremonienmeister und späteren Hofmarschall des Zaren, zusammentraf. Hören wir, was Graf Korff selbst über jene denkwürdige Stunde berichtet: „Eine der ersten Fragen, die der Lord an mich richtete, war: ‚Glauben Sie, daß Sie erlöst sind?' —

Meine Antwort war verneinend. — ‚Hier auf dieser Erde kann niemand wissen, ob er errettet ist oder nicht, das werden wir erst erfahren, wenn wir im Himmel sind.' — ‚Für wen ist das Wort Gottes dann geschrieben', fragte der Lord, ‚für die Bewohner des Himmels oder für die Menschen auf der Erde?' —

‚Natürlich für die Menschen, die auf der Erde leben', antwortete ich. Dann führte der Lord einen Text nach dem anderen an und bewies, daß die an Christus Gläubigen die Gewißheit hätten, daß er unsere Sünden ans Kreuz getragen habe, und daß uns das ewige Leben nicht auf Grund unserer guten Werke, sondern nur durch das Opfer am Kreuz gegeben worden sei. Christus klopfte an meine Herzenstür und begehrte Einlaß." Nach schweren Kämpfen, in denen Graf Korff innerlich hin und her gerissen wurde, kam für ihn am 5. März 1874 die Stunde, in der er Frieden fand. „Christus rief mich und öffnete mir die Herzensaugen. Ich erkannte und erfaßte, daß er wirklich meine Sünden getragen hatte, und ich durfte die ewige Erlösung durch das Blut Jesu empfangen, und diese Erlösung war vollkommen, ein für allemal. Bei dieser Erkenntnis riefen meine Lippen aus: ‚Ich komme zu dir, Christus, so wie ich bin!'

Wie ein schwerer Stein fiel eine Last von meinen Schultern, und sie wurde nie mehr auf mich gelegt. Der Geist Gottes gab meinem Geist Zeugnis, daß ich als Kind Gottes angenommen worden sei. Wiedergeboren von oben, fing ich an, in der Erkenntnis meines Heilands zu wachsen, mein ganzes Leben war fortan ihm geweiht, und ich bemühte mich, in allen Dingen meinem Heiland nachzufolgen." So fing es an. Im selben Jahr kamen dann noch andere Mitglieder der höchsten Kreise zum Glauben. So Oberst Paschkow, einer der reichsten Gutsbesitzer in Rußland, und Graf Bobrinsky, der damalige Verkehrsminister. Beide standen vorher dem Evangelium völlig gleichgültig oder, wie besonders Graf Bobrinsky, feindselig gegenüber. Aber Gott, der sagt, „... er soll die Starken zum Raube haben ..." (Jes. 53, 12), wurde Sieger auch über sie und machte sie zu Menschen, die mit ganzer Hingabe ihrem Erlöser dienten. —

Auch die Frau des damaligen Oberzeremonienmeisters des kaiserlichen Hofes, die junge Fürstin Lieven, bekehrte sich. Nachdem der Herr Jesus in ihr Herz eingezogen war, öffnete sie ihm auch ihr Palais. Als sie einmal den Besuch von Graf Korff hatte und mit ihm in ihrem wundervoll ausgestatteten großen Saal war, konnte dieser sich nicht enthalten zu sagen: „Wie merkwürdig ist es, daß es hier so stark nach dem Stalle riecht." — „Das ist durchaus nicht merkwürdig", antwortete die Fürstin, „hier war vor kurzem eine Gebetsversammlung, an der alle unsere Kutscher teilnahmen. Mein Haus gehört meinem Heiland, ich bin nur seine Hausverwalterin." —

Hier war es zu sehen, wie durch den Herrn Christus wirkliche Gemeinschaft entsteht. Hoch und nieder war verbunden in *einer* Liebe zu *einem* Herrn. Auch in vielen anderen Häusern kamen die Gläubigen zusammen, um miteinander die Bibel zu lesen und zu beten.*)

Diese erweckten Kreise waren dankbar dafür, wenn auch ältere, erfahrene Christen aus dem Ausland ihnen das Wort Gottes sagten. Einer, der oft bei ihnen einkehrte und sein ganzes Leben lang ihnen herzlich verbunden blieb, war Dr. Baedeker. Durch seine Bekannt-

*) Ausführlich berichtet über jene Erweckung das Büchlein: Graf Korff. Am Zarenhof. (Brunnen-Verlag, Gießen-Basel).

schaft mit angesehenen und einflußreichen Persönlichkeiten bekam er Förderung für seine Arbeit unter den Gefangenen und Verbannten.

Fruchtbarer Dienst unter den Deutschen in Südrußland

Auch die deutschen Kolonisten in Südrußland haben durch Dr. Baedeker große geistliche Segnungen empfangen.

Jakob Kroeker, der spätere Gründer und Direktor des Missionsbundes „Licht im Osten", dem wir so viele wertvolle Schriftauslegungen verdanken, ist durch die Begegnungen mit Dr. Baedeker entscheidend geprägt und befruchtet worden. Von ihm rühmt er:

„Ich habe bisher kaum einen zweiten Gottesknecht kennengelernt, der so den Nächsten in seinem Widerstand zu entwaffnen vermochte, wie dies in der Regel durch die reine und lautere Liebe Dr. Baedekers geschah. *Seine Stärke lag nicht in seiner Dogmatik, sondern in seiner Liebe.* Er erwartete zunächst nichts von seinem Nächsten, aber er hatte ihm etwas zu bringen. Daher gehörte er zu jenen wenigen im Reich Gottes, denen der Herr eine weit geöffnete Tür geschenkt hatte."

Im Jahre 1905 diente Dr. Baedeker auf einer Konferenz in Apanlee, die von deutschen Kreisen in Südrußland veranstaltet worden war. Ein Erlebnis aus jenen Tagen, von dem uns Jakob Kroeker berichtet, hat auf die Teilnehmer großen Eindruck gemacht:

Nach Schluß der Konferenz zog sich Dr. Baedeker auf sein Zimmer zurück. Tags darauf wollte er nach Baku in den Kaukasus reisen. Dunkle Wetterwolken standen damals am politischen Himmel. Es war ja das Revolutionsjahr 1905. Trotzdem wurde für die Abreise des Doktors alles vorbereitet. Aber während die Gäste noch alle zusammensaßen, stand er plötzlich vor ihnen und sagte: „Ich fahre nicht nach Baku!“ Darob große Verwunderung. Ängstlichkeit kannte man ja nicht an ihm. Der andere Morgen brachte die Lösung. Dr. Baedeker erhielt ein Telegramm: „Kommen Sie nicht nach Baku, es sind bereits Unruhen ausgebrochen.“ Tief hat es sich dann den Versammelten eingeprägt, wie der Doktor, das Telegramm in der Hand haltend, nach oben blickte: „O Gott, wie danke ich dir, daß ich dich verstanden habe, auch ohne Telegramm!“

Im verborgenen Umgang mit seinem Herrn hatte er ein inneres Gemerke bekommen für das, was seinem Willen entsprach.

Der Hauptschlüssel für alle Gefängnisse Rußlands

So nannte Dr. Baedeker seinen Erlaubnisschein, der ihm alle Gefängnistüren von Warschau bis zur Insel Sachalin im äußersten Asien öffnete.

Seit er Einblicke in das traurige Los der Gefangenen getan hatte, drängte ihn die Liebe Christi mit Macht, diesen Armen das Evangelium zu sagen. Aber wie sollte er in die Gefängnisse hineinkommen? Lassen wir ihn selbst erzählen: „Ich wagte es, mein Verlangen einer hochgestellten Dame in St. Petersburg zu offenbaren. Ich fragte, ob wohl eine Möglichkeit da sei. Traurig schüttelte sie das Haupt. Aber sie vergaß meinen Wunsch nicht. Eines Tages machte jene Dame, eine persönliche Freundin der Kaiserin, mit ihrem Mann Einkäufe in St.

Petersburg. Ihr Gemahl, der Graf, erwartete sie an der Ladentür. Plötzlich rief er: ‚Komm einmal schnell her!‘ ‚Was gibt's denn?‘ fragte sie, an die Türe eilend.

‚Da geht gerade der Mann, den du haben willst, auf der andern Seite der Straße!‘

‚Wen meinst du?‘

‚Den Leiter des Gefängniswesens. Mit dem sprichst du am besten über den Erlaubnisschein, den du haben möchtest.‘

‚So lauf, bitte, und rufe ihn zurück!‘ sagte die Gräfin.

Der Graf eilte hinter dem Beamten her und brachte ihn in den Laden.

‚Womit kann ich der gnädigen Frau dienen?‘

‚Ich wäre Ihnen sehr verbunden, wenn Sie meinem Freunde, einem Engländer, Dr. Baedeker, eine Erlaubniskarte zum Besuch der Gefängnisse und der Gefangenen verschaffen wollten. Er hat natürlich keine politischen Zwecke, er will ihnen Bibeln geben und sich ihrer annehmen.‘

‚Meint Ihr Freund, eine gute Einwirkung auf sie ausüben zu können?‘

‚Er meint, Gott vermag das durch sein Wort, das Evangelium.‘

‚Das ist auch meine Ansicht, gnädige Frau! Ich werde bestimmt dafür sorgen, daß er die gewünschte Erlaubnis erhält.‘“

Und er hat Wort gehalten. Als Dr. Baedeker eben im Begriff war, von England wieder nach Rußland zu reisen, erreichte ihn der Erlaubnisschein. Wo er nun auch hinkam, um die Gefängnisse zu besuchen, überall taten sich die Türen auf, sobald er seinen Schein vorwies. Gott ließ ihn erfahren, was er Jesaja 45, 2 verheißt: „Ich will die ehernen Türen zerschlagen und die eisernen Riegel zerbrechen." Gott selbst hatte eine „offene Tür" gegeben, und sein Bote nützte sie treu.

Das Evangelium für die Gefangenen!

Von heiliger Leidenschaft getrieben, suchte nun Dr. Baedeker ein Gefängnis nach dem andern auf. Weder Gefahren noch Entbehrungen konnten ihn hindern, den Gefangenen die gute Botschaft zu bringen.

Wie er seinen Auftrag ausrichtete und was er dabei erlebte, erfahren wir aus seinen Berichten und vor allem aus den Briefen, die er seiner fernen Gattin schrieb. Im Jahr 1889 reiste der Doktor zum erstenmal nach Sibirien. Seine Eindrücke und Erlebnisse schildert er in einem Brief, den er an Bord des Dampfers „Fortuna" auf dem gewaltigen Obistrom schrieb.

„Wir schwimmen wieder auf dem Wasser. Es geht nach Tobolsk, das wir etwa in einer Woche erreichen mögen. Die Gefängnisse in Tomsk sind einfach schauerlich ... Jede Woche kommt aus Europa ein Transport von 600 oder 800 Köpfen; und 300—400 gehen nach dem Osten ab. Es gibt hier drei Gefängnisse: eins, in dem Strafarbeit geleistet wird, mit etwa 300 Insassen; das zweite, in dem die Gefangenen für längere Zeit inhaftiert werden, 1600 oder 1700 Köpfe fassend; und dann das schlechteste von allen, mit 3400 Insassen, in 16 hölzernen Schuppen, so daß in jeden 200 oder mehr hineingepfercht sind. Bei schönem Wetter wandern sie im Hof herum. Da zeigt sich dann stets ein buntes Gemisch aller Nationalitäten: Russen, Juden, Deutsche, Esten, Letten, Finnen, Grusinier, Tartaren, Kirgisen, Perser usw., darunter auch Weiber und Kinder."

„Wir sahen einen Trupp von 300 Köpfen, der nach dem Osten marschierte. Die Beamten rieten, wir sollten ihnen zur ersten, etwa 35 Werst entfernten Etappe folgen. Wir taten es am nächsten Tag und brachen um 9 Uhr auf. Um 2 Uhr kamen wir auf der Etappe an. Wir sahen dort die 300 Mann nach ihrem ersten Tagesmarsch, und es war ein jammervoller Anblick: viel Leidende und Fußkranke, denen vom Marschieren in Ketten Beine und Füße geschwollen waren und eiterten. Sie hielten mich für einen Arzt und zeigten mir alle ihre Wunden. Ich durfte öfter frei zu ihnen reden: in dem großen Gefängnis, in einigen der Schuppen und in den Höfen, wo sie sich gesammelt hatten. Sie hörten dem Worte höchst aufmerksam zu, einige unter Tränen. Solche Versammlungen habe ich noch nie zu sehen bekommen, noch nie auch so eifrige Aufmerksamkeit und Dankbarkeit. —

Die Beamten waren alle sehr freundlich und hilfsbereit. Sie sind mit ihrer Weisheit am Ende und wissen nicht, was sie tun sollen. — Alle unsre Neuen Testamente und Bibeln sind weggegeben bis auf wenige tatarische und persische Exemplare."

„Der Herr ist uns wunderbar gnädig gewesen. Es geht mir recht gut. Scherbini auch. (Anm.: Graf Scherbini war zeitweise Begleiter und Übersetzer von Dr. Baedeker.) Wir gingen in die Gefängnisse und Krankenhäuser im Vertrauen auf Seinen Schutz. Ich habe den 91. Psalm als Wahrheit erfahren. Sein Name sei gelobt!"

„Ich tue manchen guten Fang in der dunklen Flut des

Gefängnisses. Es ist ein herrlicher Dienst, die Botschaft von Saal zu Saal zu tragen und sie in Ohren zu senken, die so eifrig lauschen. Ich verhalte ihnen nichts. Aber ich erkläre offen, daß das Evangelium von der Gnade Gottes für alle Menschen ist. Niemand darf mir den Mund stopfen. Mit wenig Ausnahmen gewähren mir die Beamten jede Erleichterung; einige helfen mir wie Brüder. Der Ausdruck liebevoller Teilnahme bricht manchem verhärteten Gefangenen das Herz. Einer, der zum fünftenmal bestraft ist, wurde ohnmächtig bei dem Zeugnis von Gottes Liebe zu den Sündern."

Auf der Insel Sachalin, wohin die russischen Behörden jahrzehntelang die Schwerverbrecher des Reiches sandten, waren die Gefangenen mit Ketten belastet und auf Stirn und Wangen mit Eisen gebrannt. Dort wurde Dr. Baedeker von einigen Gefangenen gefragt: „Warum kommen Sie zu uns? Hier ist ein Ort, wo es keine Hoffnung mehr gibt." Seine Antwort ist so recht bezeichnend für ihn: „Steht es so, dann vergebt mir, daß ich zu euch nicht zuallererst gekommen bin. Ein Ort, wo es keine Hoffnung mehr gibt, ist der rechte Platz für die Botschaft vom Heil Gottes."

Die Arbeitsweise des Evangelisten

Darüber schreibt uns anschaulich R. C. Morgan, der Dr. Baedeker im Jahre 1901 zwei Monate lang begleitete:

„Dr. Baedeker mit seinem befreundeten Übersetzer ward stets nicht nur mit dem Respekt empfangen, der seinen Vollmachten gebührte, sondern mit wirklicher Höflichkeit und innerer Zustimmung zu dem Grund seines Erscheinens. Die ersten Unterredungen mit den

Gefangenen geschahen meist in einem Raum, wo zwischen zwölf und zwanzig leichtere Verbrecher versammelt waren. In aller Kürze ward zu ihnen geredet als zu Sündern ohne Unterschied, die aber Gott liebt und für die er seinen Sohn in den Tod gab. Eins war dabei ohne weiteres klar: der Sprecher war voller Liebe, und das schuf ihm stets willige Ohren.

Die Beamten vom Direktor bis zu den Wärtern und die beiden Gefangenen, welche die große Bücherkiste von einer Stelle zur andern trugen, beteiligten sich mit Eifer an der Bücherverteilung.

In dem ersten Raum, den wir betraten, wartete unser eine Überraschung. Der Priester rief den Chordirigenten, und der Gefangenenchor (eine ständige Einrichtung russischer Gefängnisse) trug einige geistliche Lieder in sehr ansprechender Weise vor.

Darauf gingen wir von Saal zu Saal. Dr. Baedeker sprach deutsch durch den Dolmetscher Patwakan Tarajantz, der die Ansprache ins Russische, Armenische oder Tatarische übersetzte. Stets war es eine deutliche und treffende Erklärung des gefallenen und sündigen Zustandes des Menschen; dann kam die Liebe Gottes, die keinen Unterschied macht; seine unaussprechliche Gabe in seinem geliebten Sohn; der einzige Weg zur Errettung durch das Blut am Kreuz; und die Zusage der Rechtfertigung und des ewigen Lebens für alle, die durch ihn zu Gott kommen — ein internationales Evangelium, wie der Redner es nannte.

In einem Gefängnis enthielt der erste Raum, den wir besuchten, etwa 20 Mann, alle in Ketten, die unaufhörlich klirrten.

Einige wenige dieser schwer Bestraften waren Asiaten,

denen mangels eines Übersetzers keine Ansprache gehalten werden konnte; aber die wenigen unter ihnen und die andern Asiaten, die leskundig waren, wurden gebeten, ihren Kameraden die gute Botschaft aus dem besten aller Bücher, dem Worte Gottes, zu verkündigen."

Eine Bibel ohne Worte!

In dem großen Gefängnis von Kischineff in Bessarabien war es, wo ein Wärter Dr. Baedeker sagte, daß sie gerade einen Mörder hier hätten. Er saß in Einzelhaft, und der Doktor wurde zu ihm geführt. Als er ihm eine Bibel reichte, antwortete er traurig: „Danke, aber ich kann nicht lesen."

„Dann ist hier etwas, das für dich paßt. Das kannst du lesen. Und es enthält die eine Wahrheit, die du unbedingt kennen mußt."

Damit zog der Doktor ein kleines „Buch ohne Worte" hervor und gab es dem Verurteilten. Was war das doch für ein merkwürdiges Buch, das er in Händen hielt! Nur drei Blätter hatte es. Und auf keinem Blatt war ein Buchstabe zu finden. Aber die Blätter waren in verschiedenen Farben. Das erste Blatt war schwarz, das zweite rot, das dritte weiß.

„Was bedeutet das? Ich kann's nicht verstehen", fragte der Beschenkte.

Nun erklärte der Doktor das Büchlein. „Das schwarze Blatt bedeutet schwarze Sünde — deine und meine; Sünde gegen Gott und Menschen; Sünde im Herzen und im Leben — schwarz wie die Nacht; schwarz wie

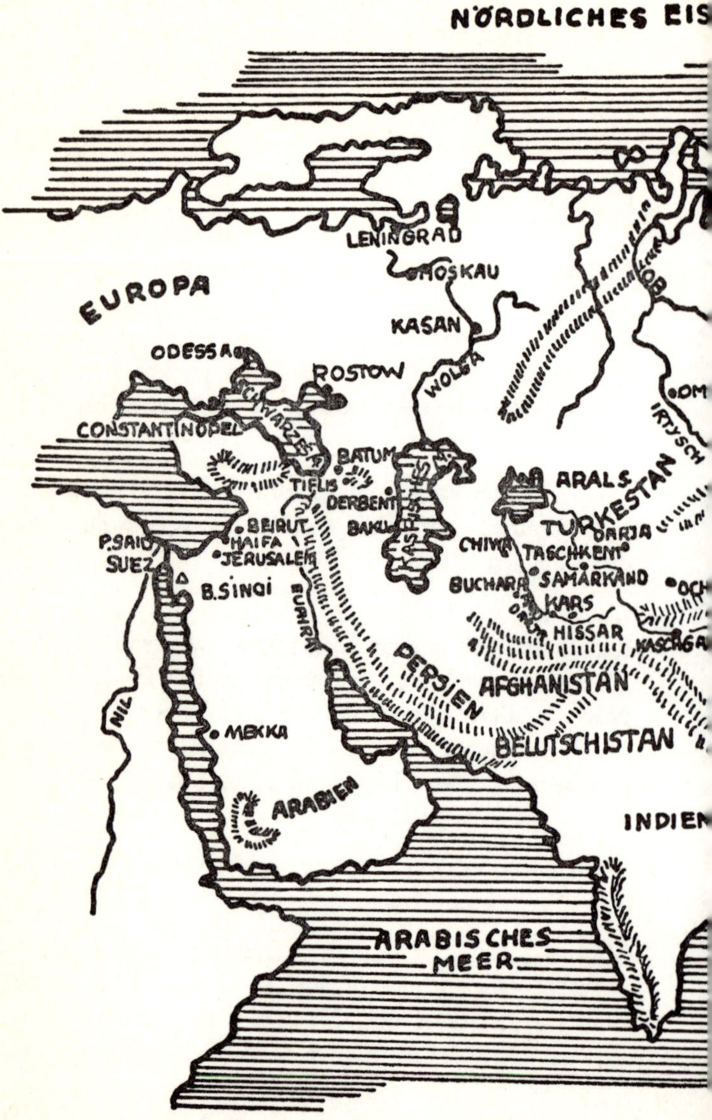
NÖRDLICHES EIS
LENINGRAD
MOSKAU
EUROPA
KASAN
ODESSA
ROSTOW
WOLGA
OB
OM
IRTYSCH
CONSTANTINOPEL
SCHWARZES M.
BATUM
TIFLIS
DERBENT
KASPISCHES M.
ARAL S.
TURKESTAN
BEIRUT
HAIFA
JERUSALEM
BAKU
P.SAID
SUEZ
CHIWA
DARJA
TASCHKENT
B.SINAI
BUCHARA
SAMARKAND
KARS
HISSAR
PERSIEN
AFGHANISTAN
NIL
MEKKA
BELUTSCHISTAN
ARABIEN
INDIEN
ARABISCHES MEER

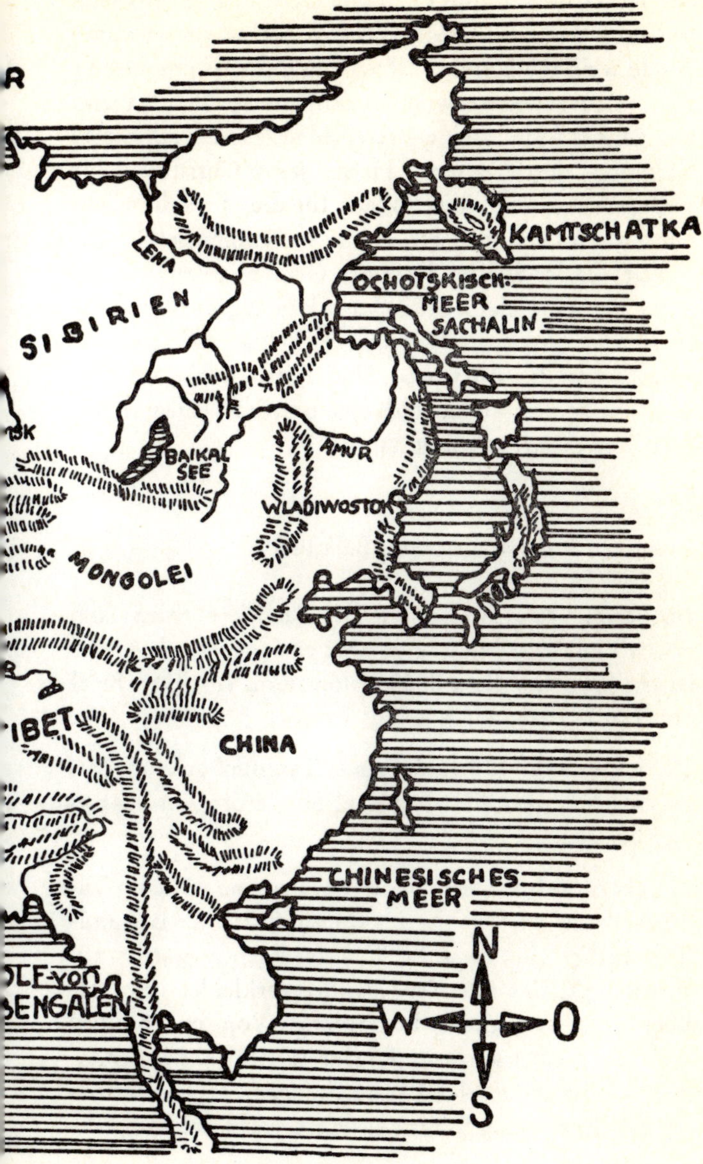

R
SIBIRIEN
LENA
KAMTSCHATKA
OCHOTSKISCH-
MEER
SACHALIN
BAIKAL
SEE
AMUR
WLADIWOSTOK
MONGOLEI
TIBET
CHINA
CHINESISCHES
MEER
OLF-von
BENGALEN
N
W
O
S

der Tod; schwarz vom künftigen Gericht. Die rote Seite bedeutet das teure Blut Christi, das allein schwarze Sünde weiß machen und tilgen kann. ‚Er ist um unserer Missetaten willen verwundet; durch seine Wunden sind wir geheilt.‘ Das weiße Blatt bedeutet die vollbrachte Errettung durch unseren Herrn Jesus Christus; seine völlige Vergebung aller Sünden für die, die sich bekehren und Christus annehmen; die vollkommene Gerechtigkeit, die der Sünder durch den Glauben erlangt.“ „Du wirst doch das kleine Buch lesen können, nicht wahr?“ fragte der Doktor. „Ja, Gott sei Dank, das kann ich lesen“, war die Antwort. „Und Ihnen danke ich tausendmal, Herr, daß Sie solch eine Botschaft einem so unwürdigen Schuft gebracht haben!“

Von Tomsk im Wagen zum Baikalsee

Im Jahre 1890 durchquert Dr. Baedeker Asien zum ersten Mal. Von Moskau gelangt er nach Tomsk — das ist ein Weg von rund 3000 Kilometern. In einem Brief aus Tomsk berichtet er seiner Frau:

„Wir haben für 130 Rubel einen Tarantaß gekauft. Mr. Davidson besitzt einen eigenen. So werden wir zusammen reisen.

Man kann sich schwer vorstellen, was eine Reise im Tarantaß bedeutet. Er sieht aus wie eine altmodische Familienkutsche. Der eigentliche Wagenkörper besteht aus Flechtwerk, das mit Teppichstoff verkleidet ist. Darüber eine bewegliche Lederplane. Von ordentlichen Federn ist leider keine Rede! Der Wagen ruht auf Stangen, — drei oder vier langen Stangen, deren Elastizität ein klein wenig Schutz gewährt gegen das Rumpeln auf dem rauhen Weg oder besser Pfade, dem wir so gut als möglich folgen. Drei Pferde sind vor jeden Wagen gespannt, und da die sibirischen Pferde sehr schnell jagen, muß sich der Fahrgast sehr festhalten, bis er sich an das Stoßen und Schleudern gewöhnt. Sind die Wege holprig, so wird man oft ohne Erbarmen bis an die Decke oder von einer Ecke zur andern geschleudert. Dazu ist dies Gefährt unser Schlafwagen, bei nassem Wetter unser Speisewagen und unser Laden."

„Altschinsk, 28. Juni. — Durch Gefahren zu Wasser und zu Lande hat uns der Herr geholfen. Wir kamen heute nachmittag hier an, besuchten die Gefängnisse und wollen jetzt nach Krasnojarsk weiter. Die Wege sind teilweise sehr schlecht. Das Überschreiten der Flüsse ist sehr anstrengend und schwierig."

Vom Baikalsee im Tarantaß nach Stretensk (1000 Kilometer)

Nach anstrengender Reise kam Dr. Baedeker mit seiner Begleitung am 16. August wohlbehalten in Stretensk an. Über seinen Dienst dort berichtet er: „Wir konnten gut arbeiten und hatten unbeschränkte Freiheit, zu predigen und mit den Männern zu reden. Einige von ihnen waren tief bewegt. In keinem dieser Gefängnisse waren je vorher Bibeln oder Testamente verteilt worden. Sie wurden sehr dankbar angenommen, und die Beamten waren sehr freundlich. Ihre Freundlichkeit hätte gar nicht größer sein können. Ich bin Gott so dankbar, daß wir diese Orte haben besuchen dürfen. Niemals ist jemand dort gewesen, der ein Interesse an den Gefangenen gezeigt hätte, von denen die meisten hartgesottene Verbrecher, Mörder usw. sind."

Von Stretensk nach Sachalin (1800 Kilometer)

Nachdem der Dienst in Stretensk ausgerichtet war, ging die Reise mit dem Dampfer weiter. Das Ziel war Sachalin mit seinen großen Straflagern.

Aus Nikolajewsk schreibt Dr. Baedeker am 7. September 1890: „Hier ist das große Rußland zu Ende. Sibirien ist ein schönes Land und könnte es an Fruchtbarkeit jedem anderen gleichtun. Es fehlt nur die Bevölkerung, um die weiten Felder zu beackern, die prächtigen Wiesen zu bebauen, die dichten Wälder mit ihren Tausenden von Quadratmeilen zu fällen und in der Erde nach edlen Metallen zu graben.

Die Reise vom Ural zum Stillen Ozean durch den asiatischen Kontinent muß für den Touristen oder Gelehrten ihren eigenen Reiz haben. Wir machten jeden Schritt auf dieser Reise mit einem ernsten Vorsatz und belastet mit heiliger Verantwortlichkeit. Denn auf dem ganzen Weg gibt es Verbannte und Gefangene, Seelen, die den ersten Anspruch haben auf das Evangelium von der Freiheit für die Gebundenen. Unser Interesse wuchs und vertiefte sich, je weiter wir kamen. Aber es erreichte die größte Stärke in dem Bergwerksgebiet von Nertschinsk und Kara unter den Verbrechern in Zwangsarbeit und unter den politischen Gefangenen und Verbannten. Ich habe das unschätzbare Vorrecht gehabt, auf dieser Reise etwa 12000 Exemplare des Wortes Gottes zu verteilen und sein Evangelium mehr als 40000 Gefangenen zu verkündigen."

Wenige Tage später kann Dr. Baedeker dankerfüllt berichten, daß er am 13. September in Sachalin ankam, wo er wieder viele Hunderte von Bibeln verteilen und den zahlreichen Gefangenen dort das Evangelium sagen konnte.

Die Heimreise erfolgte dann über Tokio, Yokohama, Schanghai, Hongkong, Singapur, Colombo, Port Said. Auch auf dieser Reise gab ihm Gott manche Möglichkeit zu fruchtbarem Dienst. So hielt er sich in Singapur 14 Tage auf, wo er in der Stadthalle und unter freiem Himmel Ansprachen hielt. Wie es bei ihm gar nicht anders sein konnte, besuchte er auch dort die Gefängnisse und sprach mit Hilfe eines Dolmetschers zu den chinesischen Gefangenen.

Anfang Dezember 1890 kam er wieder glücklich in seinem Heim in England an.

Alles zum Besten!

Wieder einmal hatte Dr. Baedeker einen reich gefüllten Tag hinter sich. In Twer, nördlich von Moskau, hatte er achthundert kettentragenden Gefangenen das Evangelium verkündigt. Auch in den Zellen hatte er Besuche gemacht und mit vielen einzelnen Häftlingen gesprochen. Darüber hatte er den Zug nach Moskau versäumt. Wie so viele andere Reisende auch, legte er sich nun im Wartesaal schlafen, bis der nächste Zug am andern Morgen ging. Es war ein arges Gedränge auf dem Bahnsteig. Groß war der Schreck, als er im Zug bemerkte, daß ihm sein Taschenbuch gestohlen worden war. Es enthielt hundert englische Pfund, tausend russische Rubel, dazu seinen Reisepaß und — was ihn am meisten schmerzte — seinen Erlaubnisschein für die Gefängnisse. Es blieb ihm nichts anderes übrig, als der Gräfin, die ihm zu jenem Ausweis verholfen hatte, sein Mißgeschick mitzuteilen. Als Antwort kam ein Telegramm: „Ich werde Ihnen einen neuen Schein verschaffen. Aber haben Sie nicht noch etwas anderes verloren, etwa Geld?“ — Er gab es zu, und nun beschenkten ihn seine Petersburger Freunde so reichlich, daß er auch nicht eine Kopeke Verlust hatte. Und als er den neuen Erlaubnisschein in Händen hielt, bemerkte er staunend, daß ihm darin noch größere Vorrechte eingeräumt waren als in dem verlorengegangenen. So mußte ihm auch jenes schmerzliche Erlebnis nach Römer 8, 28 zum Besten dienen.

Ein Verirrter zeigt den rechten Weg

Immer wieder hatten ihn die Bewohner eines Armenierdorfes gedrängt, sie zu besuchen. Jenes Dorf lag tief in den Bergen Transkaukasiens. Und nun war der liebe Doktor eines Tages zu ihnen gekommen. Es war schon ein kühnes Unternehmen, im Dezember in jene schauerliche Einsamkeit vorzustoßen. Schneestürme machten immer wieder die Wege und Wegbezeichnungen unkenntlich. Aber die Reise wurde im Glauben gewagt. Mehrere Versammlungen konnte er halten und seine Brüder im Glauben stärken. Am Weihnachtsmorgen gab es einen bewegten Abschied. Einige Männer gaben ihrem Besuch noch ein Stück weit das Geleite. Dann setzten die beiden, der Doktor und sein Führer und Dolmetscher, ihren Weg allein fort.

Viele Stunden waren sie schon in der Schneewüste gewandert, als der Führer erkennen mußte, daß er auf falschem Wege war. Dabei fing es schon an zu dunkeln. Entmutigt und ängstlich klagte der Führer: „Ich kann nicht weiter. Ich bin ganz erschöpft. Wir haben den Weg verloren und laufen in der Irre." Und weiter jammerte er: „Wehe uns! Wir kommen bis zum Morgen um vor Kälte! In ein paar Minuten geht die Sonne unter." Dr. Baedeker beruhigte ihn: „Dann wollen wir hier am Fleck auf die Knie gehen und unserem himmlischen Vater alles sagen." Doch weiter stöhnte der Begleiter: „Wir sind gewiß stundenweit von jeder menschlichen Wohnung entfernt, und mir werden die Beine so schwer. Ich sehe die Heimat nicht wieder!" — Beide Verirrte lagen schweigend miteinander auf den Knien. Da durchbrach die Stimme des Doktors die Stille: „Vater, wir können nicht umkommen, denn wir sind allezeit in deiner Hand und unter dem Schatten deiner Flügel. Du kennst unsern Weg. Sende uns Hilfe in unserer Not und führe uns an einen sicheren Ort!"

Noch während des Gebets hören die beiden fernes Hundegebell.

„Horch, das ist des Vaters Antwort", rief der Doktor. „Sein Name ist hochgelobt! Er hört und läßt uns nicht lange harren."

Auch der mutlos gewordene Führer war nun wie neu belebt. Sie folgten der Richtung, aus der sie das Hundegebell gehört hatten, und standen nach einiger Zeit — es war inzwischen stockdunkel geworden — vor einem kleinen Tatarenlager. Die Leutchen dort waren nicht wenig verwundert. Das hatten sie noch nie erlebt, daß um diese Jahreszeit Fremde zu ihnen kamen. Sie hatten viel zu fragen, als ihnen der Doktor sagte, daß sein Meister ihn hergeführt habe.

„Wer ist denn euer Meister?"

„Der Herr Jesus."

Und nun bezeugte er ihnen das Evangelium. Seine Zuhörer waren Mohammedaner. Ob sie schon jemals einen Boten Jesu gehört hatten? Es ist kaum anzunehmen. Aufmerksam vernahmen sie sein Zeugnis und erzeigten ihm alle Gastfreundschaft. Seine Mahlzeit bestand an jenem Christfestabend aus einem gewöhnlichen Stück schwarzen Brotes und einem Granatapfel. Seiner Gattin aber schrieb er am andern Tag fröhlich, er sei sicher, daß niemand daheim in England sein Weihnachtsessen mit größerer Freude im Herrn und mit mehr Dankbarkeit verzehrt habe als er das seine.

Am andern Morgen gab einer der Tataren den beiden Reisenden das Geleit, bis sie wieder auf dem rechten Weg waren.

So mußte auch dieses notvolle Erleben „nur zur Förderung des Evangeliums" dienen (Phil. 1, 12).

Allerlei Trübsal

Wie alle Boten des Evangeliums, so wußte auch Dr. Baedeker reichlich um mancherlei Anfechtungen und Versuchungen, die ihm durch seinen hingebenden Dienst erwuchsen. So waren es besonders die häufigen Fieberanfälle, die ihn auf seinen Reisen im Kaukasus oft in große Gefahr und in innere Not brachten. Wie hat es doch der Feind in solchen Zeiten versucht, die Freudigkeit des Boten Jesu zu dämpfen und seinen Glaubensmut zu brechen!

Ein Brief aus solch notvollen Tagen läßt uns einen Blick tun in sein Leiden und Kämpfen. Aber nicht nur das: Der Brief zeigt uns auch, wie er sich im dunklen Tal als Mann des Glaubens erweist und sich birgt in der Liebe und Treue seines Herrn:

„Batum. — Der Feind hatte mir diese Woche über so viel zu sagen. Zuerst die Schwierigkeiten und Verzögerungen auf der Reise. Dann die Sperre des Wegs nach Eriwan und Kars, dann bei der Rückkehr nach Tiflis das Fieber! Es dünkt mich, daß die Macht und der Einfluß des Bösen Fortschritte machen im Widerstand gegen das Evangelium. Diese Nacht sah ich im Gesicht all die schauerlichen Schliche des Feindes, wie er dem Evangelium Hindernisse in den Weg legt, daß es die Ohren und Herzen der Sünder nicht erreichen kann; wie er dem Volk die Täuschung beibringt, daß Finsternis Licht sei und Licht Finsternis. Wenn ich überhaupt predige, muß ich wider die Sünde predigen!

Ich habe in der letzten Zeit Deine Briefe mit Schmerzen vermißt. Die Bergpfade sind vom Schnee gesperrt. Du kannst Dir nicht vorstellen, wie einsam ich mich bisweilen fühle, ohne einen Menschen, zu dem ich reden, mit dem ich beten könnte und der mir ein wenig Teilnahme zeigt. Oft sehne ich mich furchtbar, bei Dir zu sein. O wie Du mir fehlst! Ich merke jetzt, was für ein schlechter Missionar ich bin. Vielleicht war ich zu alt, um eine solche Mission unter den Gefangenen zu übernehmen. Es ist ein so ungeheures Arbeitsfeld, und ich stehe erst am Rande. Ich will tun, was ich kann, solange mir Gott das Leben läßt, und den Rest andern überlassen. Ich werfe alles auf den liebenden Vater, der alles weiß und der auch seinen schwachen Diener kennt, den er nicht verlassen darf. Die heutigen Texte ermuntern und helfen sehr.

Die Mohammedaner rufen von ihren Minaretts zum Gebet. Die Namenchristen sind nur bedacht auf Geschäft und Geld."

Es war im Jahre 1892 in Wien, wo Georg Müller, der bekannte Waisenhausvater aus Bristol, sich mit Dr. Baedeker traf. Die beiden waren schon viele Jahre im Glauben einander herzlich verbunden. Damals hatte Georg Müller das patriarchalische Alter von sechsundachtzig Jahren, als er an seinem jüngeren Freunde, der aber immerhin auch schon achtundsechzig Jahre alt war, eine Ordination besonderer Art vornahm. — Er legte ihm betend die Hände auf, und „sonderte ihn aus zum besonderen Dienst unter den verbannten Brüdern, indem er ihn der Liebe unseres himmlischen Vaters befahl".

Weshalb war denn solcher Dienst notwendig geworden? Der damalige mächtige Oberprokurator des Hl. Synod der orthodoxen Kirche Rußlands, Pobjedonostzeff, hatte im Jahre 1891 eine Konferenz orthodoxer Kirchenmänner aus ganz Rußland nach Moskau einberufen. Grund zu jener Versammlung war die starke Ausbreitung des sogen. „Stundismus", einschließlich jener Erweckungsbewegung, die mit dem Namen Graf Korff und Oberst Paschkow verknüpft war. Jene Christen, die es mit dem Worte Gottes ernst nahmen und in schlichtem Gehorsam dem Herrn Jesus nachfolgten, wurden damals als staatsgefährliche Sektierer gebrandmarkt. Auf jener Konferenz wurden nun Maßnahmen beschlossen, um die „Abtrünnigen" wieder für die Kirche zurückzugewinnen oder sie unschädlich zu machen.

Von welchem Haß jene Gewaltmaßnahmen diktiert waren, zeigt die Resolution, die von der Konferenz angenommen wurde:

„Das rapide Wachstum dieser Sekten ist eine ernste Gefahr für den Staat. Allen Sektierern soll verboten werden, ihre Wohnorte zu verlassen ... Alle Verbrechen gegen den Glauben sollen nicht von weltlichen, sondern von geistlichen Gerichten abgeurteilt werden. Ihre Pässe sollen besonders bezeichnet werden, so daß sie weder angestellt noch beherbergt werden können und das Wohnen in Rußland ihnen unmöglich gemacht wird. Sie sollen gesetzlich unfähig werden, Geld- oder Handelsgeschäfte zu treiben oder wirkliches Eigentum zu erwerben. Ihre Kinder sollen ihrer Gewalt entrückt und im orthodoxen Glauben erzogen werden."

Was den Gläubigen jener Tage drohte, zeigen die folgenden Auszüge aus dem Strafgesetzbuch Pobjedonostzeffs: *Artikel 187.* — Vergehen: Austritt aus der Kirche zu einer andern Religionsgemeinschaft. — Strafe: Verlust der bürgerlichen und persönlichen Rechte. Verbannung. In milderen Fällen anderthalb Jahre Besserungsanstalt.

Artikel 189. — Vergehen: Predigt oder Abfassung religiöser Bücher, um andre zu verführen. — Strafe: Beim ersten Male Verlust gewisser persönlicher Rechte und Gefängnis von acht bis sechzehn Monaten. Beim zweiten Male Festungsgefängnis von 32 bis 48 Monaten. Beim dritten Male Verbannung.

Artikel 196. — Vergehen: Verbreitung ketzerischer oder sektiererischer Lehren oder Beihilfe dazu. — Strafe: Verbannung nach Sibirien, Transkaukasien oder andern entlegenen Teilen des Reiches.

So verfuhr man mit jenen Bürgern, die in Wahrheit ein Licht und ein Salz für ihr Vaterland waren. Wer wird hier nicht an das 13. Kapitel der Offenbarung erinnert, das uns zeigt, wie im Weltreich des Antichristen die Leute Jesu schutzlos und rechtlos gemacht werden! —

Wie ganz anders wäre wohl die Geschichte Rußlands verlaufen, wenn jene Glaubensbewegung ungehindert sich hätte entfalten können! Ein Strom von Licht und Leben hätte sich zum Heil des ganzen Volkes über das russische Riesenreich ergossen. So aber war Finsternis dem Lichte feind, und eine Welle von Verfolgung setzte ein. Für viele Gläubige begann jetzt eine Zeit großer Trübsal. Auf die Verhaftung folgte gewöhnlich ein Aufenthalt in Gefängnissen, die schauderhaft waren. Und für nicht wenige begann dann später noch der Marsch in die Verbannung.

Der zum Dienst unter den verbannten Brüdern ausgesonderte Dr. Baedeker suchte sie nun auf, um ihnen im Namen Jesu Stärkung, Trost und Freude zu bringen. Häufig konnte er auch materielle Hilfe spenden und dadurch das Los der Gefangenen erleichtern. Hören wir, was er aus seinem Erleben unter diesen Brüdern berichtet:

„Diese duldenden Heiligen werden gewöhnlich unter den andern Gefangenen transportiert, oft in Ketten, bis sie ihren Bestimmungsort erreichen. Dann haben sie Freiheit, sich in einem Distrikt, der ihnen angewiesen wird, niederzulassen, und zwar unter strenger polizeilicher Aufsicht. An manchen Plätzen, wohin man sie verschickt, ist es fast unmöglich, eine Existenz zu finden. In einer Tatarenstadt in einem fernen Winkel Transkaukasiens fand ich eine Anzahl verbannter Brüder in völlig hilflosem Zustand. Ein Glücklicher, der mit der Feder gut Bescheid wußte, hatte auf einem Büro eine Stellung gefunden, die ihm fünf Rubel (zwölf Mark) monatlich einbrachte. Er wohnte mit einer Familie von sieben Köpfen in einem Zimmer, das eine andere Familie noch mit ihnen teilte. Die Unterstützung, die ich ihm in die Hand drücken konnte, lockte einen Strom dankbarer Tränen hervor.

Die Zahl der Verbannten, welche in den Kaukasus gesandt wurden, ist groß. Meist sind es Stundisten, Molokanen und Baptisten, Männer und Frauen, die, durch Gottes Wort belehrt, sich nicht mehr dem Bilderdienst beugen oder von den Priestern Absolution empfangen wollen. In Transkaukasien werden sie in Freiheit gesetzt, und manchmal wird ihnen auch Land zur Urbarmachung zugewiesen. Gewöhnlich bauen sie sich eine Erdhütte, die mit Rasen und Zweigen bedeckt ist.

So behandelt Rußland seine besten Bürger; und diese Verfolgten sind wahre Helden im schweigenden Dulden.

In Tiflis gingen wir in eines der großen Gefängnisse, die ich früher besucht habe. Es sind fast lauter neue Gefangene darin; die letztjährigen sind weiter verschickt. Drei Brüder wurden in Ketten eingebracht. Einer von ihnen erkannte mich und weinte bitterlich. Sie haben Haus, Weib und Kinder in der Nähe von Moskau. Es ist eine Grausamkeit! Das sind doch die ausgezeichnetsten Untertanen des Zaren. Wir wurden gewarnt, uns nicht zuviel mit ihnen abzugeben. Aber ein Händedruck und eine brüderliche Umarmung waren für die teuren Verbannten eine rechte Erquickung.

In Tiflis trafen wir sieben Brüder mit Familie, zusammen siebenundzwanzig Seelen, im Gefängnis. Unter ihnen war auch eine Großmutter, die uns erzählte, dies sei das elfte Gefängnis, durch welches sie geschleppt würden. Sie sollten nach Jelisawetpol, um dort zu erfahren, wo sie die nächsten fünf oder mehr Jahre unter den schwierigsten Umständen und dazu unter strenger Polizeiaufsicht zuzubringen hätten.

In Gerüsi, einem abgelegenen Ort im Bergversteck, fanden wir viele Brüder, die in diese trostlose Öde verbannt waren. Die Freude der Brüder bei unserem Anblick und die unsere, sie besuchen zu dürfen, war ein wirkliches Fest des Herzens: kurz, aber erquickend.

Die Brüder hier kommen hin und her in den Häusern zusammen, um gemeinsam zu singen und zu beten."

„Ich habe es mir zur Ehrensache gemacht, die Heilsbotschaft nicht da zu verkündigen, wo der Name Christi schon bekannt war" (Röm. 15, 20 nach Menge)

Von diesem Wort ließ sich Dr. Baedeker in seiner Wirksamkeit leiten. Wie litt er doch ständig darunter, daß in der alten Christenheit so viele Verkündiger des Evangeliums waren, während es noch weite Gebiete gab, in denen man von Jesus nichts wußte. Ihm stand vor Augen das große Heer von Pfarrern, Missionaren und Evangelisten in der Heimat, deren Wort weithin nicht mehr gehört und angenommen wurde. Er sah es als Schuld der heimatlichen Kirche an, daß sie so sehr mit sich selbst beschäftigt war und es an der Liebe fehlen ließ, denen die gute Botschaft zu bringen, denen sie noch unbekannt war.

Auszüge aus seinen Briefen lassen uns einen Blick tun in sein inneres Leiden. Es war ein Leiden wegen des Zustandes der Heimatkirche und ein Leiden um deretwillen, die noch in der Finsternis saßen:

Saratow, Rußland. — Tausende auf der kleinen Insel

in der Nordsee, die Großbritannien heißt, haben „das Fette gegessen und das Süße getrunken", haben alle sich geweidet an der Fülle, die Christus ist, ohne daß diese Fülle geringer ward. Aber haben wir auch einmal einen Blick auf die Weltkarte getan? Haben wir ein Recht, die Gottesgabe des Evangeliums für uns mit Beschlag zu belegen und die Völker darben zu lassen?

Von den Ufern des Ural. — Diese Nationen und Stämme sind wie Schafe, die keinen Hirten haben. Wo ist die Gemeinde Gottes diese achtzehnhundert Jahre gewesen? Wie ist es möglich, daß zu Hause Brüder und Schwestern einen Sonntag nach dem andern sich weiden und haben nichts, um es denen zu senden, denen nichts bereitet ist? —

War Paulus der einzige Schuldner der Griechen und Ungriechen? Beruhigen wir uns jetzt etwa nur selber, indem wir seinen brennenden Eifer bestaunen? Ein paar liebevolle Worte würden hier viel mehr wert sein, würden mehr wirken als manche ausgezeichnete Ansprache daheim in unsern behaglichen Sälen. Wieviel bist *du* meinem Herrn schuldig?

Ich werde alt und meine Zeit eilt dahin; aber wenn ich über das weite Erntefeld blicke, ist mir's, als ob dreifaches Leben in mir aufquelle, das wetteifernd dargebracht werden möchte im heiligen Dienst meines Herrn. Fragt Gott mehr nach einem hochgebildeten Engländer als nach einem dieser Asiaten? Das teure Brot des Lebens, das in England an einem einzigen Sonntag unter die Füße getreten wird, würde ein ganzes heidnisches Volk vom Verschmachten erretten. Die Sünde ist mächtig geworden; wo ist aber die Gnade Gottes noch viel mächtiger geworden? Ist unser Evangelium zu einem schönen Lehrgefüge abgeschliffen worden, daran die

Heiligen daheim sich ergötzen, während Sünder ohne ein Warnwort zur Hölle fahren?

Odessa. — Just bin ich durch ein Land gereist, das in Ungerechtigkeit versunken ist; es ist kaum *ein* Zeuge für die Wahrheit darin ... Es liegen hier viele englische Dampfer, die Weizen laden; aber niemand scheint sich um die Seelen der Seeleute auf ihnen zu kümmern.

Orenburg. — England braucht mich nicht. Es sind schon zuviel Prediger und Lehrer dort. Das lebendige Wasser fließt nicht weiter, und darum wird's abständig. Hier sind weite Felder von Völkern, denen noch kein Evangelium erschienen ist. — In geringer Entfernung von hier liegt auf der sibirischen Seite ein Bazar, der große Warenzufuhr hat. Da kommen Kaufleute aus Buchara, Tataren, Kalmücken, Kirgisen mit ihren Warenballen, die Kamele gepackt zum Abmarsch. — Die Zeit eilt reißend schnell. Möchten doch mehr Männer bereit und willig werden, Evangelistenarbeit an Orten wie diesem zu tun, anstatt in England bei religiösen Erörterungen Haare zu spalten, wodurch doch niemand gebessert wird!

Berlin. — Es sind hier viele, viele offene Türen für das herrliche Evangelium. Du wirst mich nicht falsch verstehen, wenn ich sage, man hat es anscheinend hier oft verschwendet, indem man es Leuten predigte, die es seit vielen Jahren kannten und es den hungrigen, bedürftigen Seelen vorenthielt. Ich bin dankbar für jeden Arbeiter auf den weiten Erntefeldern. Gott sei gepriesen für jede Seele, die vom Herrn gewonnen wird — alt oder jung, reich oder arm. — Ist nicht die ganze Gemeinde Gottes gesandt in die Welt, ebenso wie der Herr selbst gesandt ward in die Welt? (Joh. 17, 18 und 20, 21). Was wird's werden, wenn Gott einmal Rech-

3estellkarte für Bücher und Schallplatten

EFERN SIE MIR BITTE

Stück	Bestell-Nr./Titel	Preis

☐ Ich bitte um weitere Angebote und Informationen über Neuerscheinungen

☐ Ich interessiere mich besonders für ....

....

☐ Ich entnahm diese Karte ....

....

.... Datum

.... Unterschrift
(Absender auf der Rückseite nicht vergessen)

Absender:

....

....

geb. am: ....

Reinhard Kawohl

Verlag für Jugend u. Gemeinde

56 **Wuppertal 1**

Im Uellendahl 77b

nung macht über die unbezahlten Schulden der Christenheit!

Bukarest. — O daß die verschiedenartigen Gaben des Leibes Christi in wirksamen Fluß gebracht würden! Es herrscht kein Mangel, aber Stillstand. Man verschwendet zuviel, indem man's an sich selber wendet. „Er ist darum für alle gestorben, damit die, die da leben, hinfort nicht sich selbst leben, sondern dem, der für sie gestorben und auferstanden ist" (2. Kor. 5, 15). Es gibt kirchliche Selbstsucht und nationale Selbstsucht so gut wie persönliche und Familienselbstsucht. Das große „Nicht" muß dem allem gegenüber gelten! —

Ob das, was Dr. Baedeker in bezug auf England sagt, nicht ebenfalls oder noch mehr uns Deutschen gilt? Gott schenke es, daß viele auch bei uns ihre Ehre dareinsetzen, dort den Dienst Jesu zu tun, wo er am nötigsten ist, und nicht da, wo er am leichtesten und am einträglichsten ist!

Im Ringen um das biblische Evangelium

Große Not bereitete dem Doktor immer das saft- und kraftlose äußerliche Christentum, durch das der Name Jesu nicht *ge*heiligt, sondern *ent*heiligt wurde. Er litt unter der frommen Selbsttäuschung so vieler, die sich mit christlichen Formen begnügten und es versäumten, Jesus selbst als ihr Leben zu ergreifen. Von den verschiedensten Orten vernehmen wir seine Rufe, die ein einziges Leidtragen um die Sünden der Christenheit sind.

Abo, Finnland. — Ich meine, wenn völligere Erkenntnis der Sünde da wäre, würde man nicht so viel über

Ansichten und Meinungen herumstreiten, sondern würde Rettung suchen vor dem kommenden Verderben. Die Sünde nimmt so täuschende Verkleidungen an, daß die Leute nur wenig von ihr wissen. Aber sie ist unter jeder Maske furchtbar, ja teuflisch. Man kann so leicht nachplappern: „Sie sind allzumal Sünder und mangeln des Ruhmes, den sie an Gott haben sollen." Scheint es nicht Hohn, daß Leute, welche durch die Tyrannei der Sünde in Fesseln geschlagen sind, dastehen mit einem kostbaren, schönen Gesangbuch in der Hand und singen: Wir sind arme Sünder; es ist nichts Gesundes an uns! Wie können sie das Buch in der Hand halten? Wie können sie aufrecht stehen? Wie können sie die Worte anstimmen, zu denen gar noch eine gefällige Melodie gesetzt ist? — Unsere religiösen Formen sind etwas furchtbar Verwerfliches, wenn keine Kraft mehr darin ist.

Abo ist eine schöne Stadt und sieht besonders jetzt in ihrem weißen Winterkleid, im prächtigen Sonnenschein, ganz reizend aus. Doch sagt man, der Sommer erst sei die rechte Zeit, um alle Schönheiten des Landes zu sehen. Wie es damit auch sei, ich kann nicht die Gegend bewundern, wenn Satan Menschenseelen so fest in den Klauen hält, weil sie *den* nicht kennen, der fähig und bereit ist, sie zu erretten. O wie groß ist unsre Schuld!

An Bord des Dampfers auf einem sibirischen Strom. — Der Anblick von 5 000 Kettengefangenen mag uns Tränen des Mitleids entlocken. Aber nützen solche Tränen? „Nichts als Jesu Blut" nützt wirklich. Es hieße Kraft und Energie ganz umsonst verschwenden, wollte man etwas für diese „Wracks der Menschheit" tun, ohne zu ihnen zu reden von „Christus, und zwar dem Gekreuzigten". Wie eifrig sie zuhörten! Keine selbstgerechten

Entschuldigungen, kein Spott; alle sich bewußt, in gleicher Verdammnis zu sein.
Helsingfors. — Was die Leute hier brauchen, ist dies: einen lebendigen Christus!

„Ich werde den König sehen in seiner Schöne!"

Bis zuletzt war der treue Zeuge im Dienst seines Herrn. In der Nähe seines schönen Heimes in Weston-super-Mare dehnte sich der Strand, der an schönen Sommertagen dicht bevölkert war. Auch den altgewordenen Doktor zog's dorthin. Oft konnte man ihn dort sehen, wie er mit einigen Freunden zusammen den Spaziergängern das Evangelium verkündigte. Treu bis zuletzt!

Während der Teilnahme an einer Konferenz in Clifton bei Bristol holte der Herr ihn dann heim. Nur wenige Tage hatte er an einer Lungenentzündung krank gelegen. Immer wieder öffneten sich in diesen Tagen die Lippen des Kranken, und seine Umgebung hörte, wie er in freudiger Gewißheit oft aussprach: „Ich werde den König sehen in seiner Schöne!"

„Er verschied in Freude und Trimph", berichtet ein ihm nahestehender Freund. „Auf Erden hatte er vertraulich mit Fürsten und Adligen verkehrt und hat das Evangelium in den Privatzimmern von Monarchen verkündigt. Nun stand er auf der Schwelle zu seiner herrlichsten Begegnung. Das Sterbezimmer war die Vorhalle des Himmels. Wer mit leisen Schritten hier eintrat, wurde in Ehrfurcht und Erregung versetzt durch unsichtbare Einflüsse und ewige Mächte. Es war ein erhabener Heimgang! Sein Tod war so groß wie sein Leben."

Der Grabstein, den seine Gattin ihm setzte, kündet, was seines Lebens Fundament und Ziel war:

Friedrich Wilhelm Baedeker, Dr. phil.
Er ging, den König zu sehen in seiner Schöne,
errettet durch das teure Blut Jesu,
am 9. Oktober 1906,
83 Jahre alt.

Georg Müller — Vater für 10 000 Waisen

Einleitung

Wenn auf dem Grabstein eines Mannes zu lesen steht, daß es ihm ermöglicht wurde, für etwa 10 000 arme Waisen zu sorgen, so ist das schon etwas Ungewöhnliches. Vollends ungewöhnlich aber ist es, wenn man hört, daß der Mann, dem dies gelang, völlig mittellos war. Das einzige Kapital, mit dem Georg Müller arbeitete, war die Bibel. Mit ihren Verheißungen rechnete er wie mit Zahlen. Was sich Georg Müller für sein Leben vorgesetzt hatte, gelang: Ein unwiderleglicher Beweis dafür zu werden, daß Gott lebt, daß er Gebete erhört, und daß sein Wort absolut zuverlässig ist.

Die ersten zwanzig Jahre seines Lebens lassen zwar alles vermissen, was einen auf den Gedanken bringen könnte, daß aus ihm später ein vorbildlicher Glaubensmann würde. Um so deutlicher wird an seinem Leben, was Jesus vermag.

Eine verwüstete Jugend

Georg Müller wurde am 27. September 1805 in Kroppenstedt bei Halberstadt geboren. Sein Vater war dort Steuereinnehmer. Georg, sein erklärtes Lieblingskind, wurde von ihm in schwächlicher Liebe vorgezogen und verwöhnt. Er gab ihm auch viel zuviel Geld in die Hände, das der Junge nach seinem Gutdünken verbrauchte. Wenn dann der Vater wissen wollte, wo das Geld geblieben war, verlegte er sich aufs Lügen. Darin brachte er es bald zu einer Meisterschaft. Er war noch keine zehn Jahre alt, als er schon eine Reihe von Diebereien und Betrügereien ausgeführt hatte. Auch die dienstlichen Gelder, die der Vater kassiert hatte, waren vor ihm nicht sicher. Obwohl sein Vater alles wußte, was er trieb, wünschte er doch, daß er Geistlicher würde. So kam Georg mit elf Jahren auf das Gymnasium nach Halberstadt. Aber zum Lernen hatte er keine Lust. Die Macht des Bösen hatte ihn in ihren Krallen, so daß es Jahr für Jahr schlimmer mit ihm wurde.

Als er vierzehn Jahre alt war, verlor er seine Mutter. In der Nacht, in der sie starb, wankte ihr Sohn betrunken durch die Straßen von Halberstadt. Auch der Tod der Mutter machte keinerlei Eindruck auf ihn. Es ging mit ihm weiter bergab. Ostern 1820 wurde er konfirmiert und empfing auch das heilige Abendmahl. Aber in welcher Verfassung! In die schlimmsten Sünden war er in jenen Tagen verstrickt.

Im Jahr 1821 zog der Vater nach Schönebeck bei Magdeburg. Damals wachte in Georg die Sehnsucht nach einem neuen Leben auf. Aber es ging ihm wie vielen vor ihm und nach ihm: Er machte die alte Erfahrung, daß der Weg zur Hölle mit guten Vorsätzen gepflastert ist. Er wußte noch nicht, daß alle menschliche Kraftanstrengung nicht ausreicht gegenüber der Gewalt des Teufels. So ist es kein Wunder, daß er, trotz gelegentlicher Regungen zum Guten, weiter von Stufe zu Stufe sank. Im November 1821 ging er mit einer großen Summe erschwindelten Geldes nach Magdeburg, wo er mit einem jungen Mädchen zusammen sich eine Woche lang aufhielt. Von Magdeburg zog er nach Braunschweig und

Wolfenbüttel. In den teuersten Hotels führte er ein Schlemmerleben. Als er in Wolfenbüttel schließlich zahlungsunfähig war, wollte er fliehen. Er wurde aber gefaßt und ins Gefängnis gebracht. So saß der erst Sechzehnjährige mehrere Wochen lang mit einem Dieb zusammen hinter Schloß und Riegel. — Sein Vater sah schließlich ein, daß er dem Sohn gegenüber strengere Saiten aufziehen müsse. Georg gab sich auch Mühe, den Vater wieder zu versöhnen und fing an, fleißig zu studieren. Doch verübte er auch weiterhin allerlei Betrügereien.

Von Oktober 1822 bis Ostern 1825 besuchte er dann das Gymnasium in Nordhausen. In der Familie des Gymnasialdirektors hatte er eine gute Aufnahme gefunden. Mit großem Eifer verlegte er sich aufs Studium. Er stand regelmäßig um vier Uhr morgens auf und arbeitete bis zehn Uhr abends. In dieser Zeit ging er, der Sitte entsprechend, auch zweimal jährlich zum Tisch des Herrn. Weil er aber trotz seiner Teilnahme am heiligen Abendmahl des Herrn dem Herrn Jesus ferne war, blieb alles beim alten. Als Folge seines liederlichen Lebens wurde er schwer krank. Dreizehn Wochen lang wurde er im Hause des Direktors treu gepflegt. Aber wie hat er ihm und seiner Frau alle Wohltat vergolten? Als er nach seiner Genesung wieder einmal sein Geld verschwendet hatte, täuschte er einen Raub vor und behauptete, sein Koffer sei aufgebrochen und sein Geld daraus gestohlen worden. Man hatte Mitleid mit ihm und veranstaltete eine Geldsammlung, um ihm zu helfen. Schließlich kam aber der Schwindel ans Licht, und die Einbuße an Vertrauen, die er erlitten hatte, konnte nicht wiedergutgemacht werden.

Nach den Jahren in Nordhausen bezog Georg die Universität Halle, um Theologie zu studieren. Mit den besten Vorsätzen begann er diesen neuen Lebensabschnitt. Aber vergeblich! Wieder wurde er krank, wieder mußte er die Folgen seines schlechten Lebens am eigenen Leibe büßen. All diese schmerzlichen Erfahrungen brachten ihn nicht zu einer Umkehr. Sein Leben ist ein Beweis dafür, daß das Rezept des Dichters: „Wer immer strebend sich bemüht, den wollen wir erlösen", keine Heilung zu bringen vermag. Jesus Christus aber, der gekommen ist, zu suchen und zu retten, was verloren ist, hatte sich schon auf den Weg gemacht, um ihm zu begegnen.

Die große Wende

Die große Wende kam nicht als Folge seiner sittlichen Bemühungen. Auch nicht durch ein Ernsternehmen seiner religiösen Pflichten. Sie kam allein durch das Handeln des lebendigen Gottes. Der ließ es Georg Müller erfahren: „Ich aber ging vor dir vorüber und sah dich in deinem Blute liegen und sprach zu dir, da du so in deinem Blute lagst: Du sollst leben! Ja, zu dir sprach ich, da du so in deinem Blute lagst: Du sollst leben!" (Hes. 16, 6).

Es war an einem Samstagnachmittag, Mitte November 1825, als ein Studiengenosse Georg Müllers, Beta, ihm sagte, daß er an diesem Abend zu einem gläubigen Manne gehen werde. In dessen Wohnung kämen einige Menschen zusammen, um das Wort Gottes zu lessen, zu singen und zu beten. Eine Abendunterhaltung mit solchem Programm war gewiß nicht dazu angetan, einen jungen Mann wie Georg Müller anzulocken. Und doch zog es ihn mit Macht dorthin. Gott zog ihn! Mit Beta zusammen betrat er das Haus des Mannes, der ihm ein Führer zu Jesus werden sollte. Dieser Mann war der Spenglermeister Johann Veit Wagner. — Eigenartige Empfindungen waren es, die Georg Müller an jenem Abend überkamen. Er fühlte sich als Eindringling in diesem Kreis und meinte, sich entschuldigen zu müssen. Wie wohl tat ihm aber das Wort von Veit Wagner beim Abschied: „Kommen Sie, so oft Sie wollen. Herz und Haus stehen Ihnen offen." In jener Stunde erlebte es Georg Müller zum erstenmal, daß kniend gebetet wurde. Er selbst hatte bis dahin nie vor Gott gekniet. Als nach dem Schlußgesang der Hausherr betete, sagte sich Georg Müller: „Ich bin viel gebildeter als dieser ungelehrte Mann, aber ich könnte nicht beten wie er." An jenem Samstagabend zog in sein Herz eine zuvor nie gekannte Freude ein. Eine Erklärung hatte er nicht dafür. Auf dem Heimweg sagte er zu Beta: „Alles, was wir auf unserer Schweizerreise sahen, und alle unsere früheren Vergnügungen sind nichts im Vergleich zu diesem Abend." Was war denn geschehen? Gott hatte zu dem, der in seinem selbstverschuldeten Elend lag, gesprochen: „Du sollst leben!" Und Georg Müller fing an, zu leben! An ihm wird es deutlich, daß ein gläubiger Christ „nicht eine verbesserte Auflage des alten Menschen" ist, sondern „eine neue Kreatur".

Wie sehnte sich Georg jetzt nach dem Worte Gottes und nach Verbindung mit denen, die dem Herrn Jesus angehörten! Er konnte es nicht abwarten, bis der Samstagabend kam. Dreimal, ehe es Samstag wurde, suchte er Veit Wagners Heim auf, um mit einigen anderen Brüdern zusammen die Bibel zu lesen.

Was hat doch dieser schlichte Christ für einen tiefgehenden Einfluß auf viele Studenten ausgeübt! Wesentliches verdankt ihm auch der spätere Hofprediger Emil Frommel. Er wohnte im Hause Veit Wagners. In einem Brief an seine Eltern schildert er ihn als „einen rechten Teutschen, der noch arbeitet wie ein Junger und dazu ein interessanter Mann und großer Schriftgelehrter“ sei, mit dem er bald gut Freund wurde. Weiter berichtet er von ihm: „Alle Sonnabende kommen Studenten zu ihm; es wird eine kleine Predigt gelesen. Dann ist es rührend zu sehen, wie der siebzigjährige Greis auf seine Knie fällt und Gott für die Woche dankt.“ Auch Professor Tholuck unterhielt sich oft mit Wagner und schickte seine Studenten zu ihm, „weil er so viel Lebenserfahrung hatte und ein geprüfter Christ war“. Gott schenke auch in unseren Tagen viele solche Häuser, in denen junge Menschen Eindrücke von der Wirklichkeit des lebendigen Gottes bekommen!

Glaubenskämpfe und Glaubenssiege

Die große Wende im Leben Georg Müllers war nun gekommen. Er stand jetzt nicht mehr unter der Gewalt des Teufels und der Sünde, sondern unter der Macht Jesu. Damit soll aber nicht gesagt sein, daß es jetzt für ihn keine Kämpfe, keine Nöte und keine Niederlagen mehr gegeben hätte. Die Sünde in mancherlei Gestalt machte ihm auch künftig noch zu schaffen. Aber er wußte jetzt, daß Jesus, der Sieger, für ihn kämpfte, wenn er ihn im Gebet anrief.

Er entschloß sich, von ganzem Herzen seinem Herrn zu dienen. Als Bote Jesu wollte er in die Völkerwelt hinausziehen. In jener Zeit hatte sein Glaube eine ernste Bewährungsprobe durchzumachen. Ein junges Mädchen, dem er im Samstagskreis bei Veit Wagner begegnet war, hatte sein Herz gefangengenommen. Und weil er wußte, daß ihre Eltern sie nicht für den Missionsdienst freigeben würden, gab es harte Kämpfe. Einerseits war in seinem Herzen die Liebe zu dem Mädchen, andererseits wußte er um den Ruf Gottes zum Dienst. Mehrere Wochen schwankte er hin und her. Die Versuchung, den Dienst Gottes der Liebe zu einem Menschen zu opfern, war nicht gering. In jener Zeit ging auch sein inneres Leben merklich zurück. So konnte es nicht länger weitergehen. Er mußte sich entscheiden. In dieser kritischen Zeit half ihm Gott, indem er ihn mit einem jungen Mann, Hermann Ball, zusammenführte. Ball stammte aus einem vornehmen, reichen Hause und hatte eine glänzende Laufbahn vor sich. Die Liebe Gottes aber bewog ihn, alles aufzugeben und nach Polen zu gehen, um den dort wohnenden Juden das Evangelium zu sagen. Durch Hermann Balls Vorbild wurde der Glaube und die Liebe zu Jesus wieder neu entzündet. Georg Müller löste die Verbindung mit dem Mädchen und ergab sich neu dem Dienste Gottes. Vermehrte Freude, tiefer Friede und neue Kraft des Heiligen Geistes war die Antwort auf diese Tat des Gehorsams.

In jener Zeit kam auch Professor Tholuck nach Halle, jener gelehrte Gottesmann, durch den unzählige Studenten reich gesegnet wurden. Er war ein Zeuge Jesu in der Hochschule und in seiner Wohnung, die allen Studenten offenstand. Auch Georg Müller fühlte sich zu ihm hingezogen.

Eines Tages wandte er sich an seinen Vater und erbat von ihm die Erlaubnis, sich mit einer deutschen Missionsgesellschaft in Verbindung setzen zu dürfen. Die Antwort, die er erhielt, war eindeutig ablehnend. Der Vater erinnerte ihn daran, wieviel Geld er für ihn schon ausgegeben hätte und noch immer ausgebe, und daß er doch hoffe, daß sein Sohn einmal eine gute Pfarrstelle annehmen würde, durch die auch für ihn, den Vater, in seinem Alter gesorgt sei. Diese Einstellung zeigte Georg Müller, daß es für ihn nötig sei, sich in geldlicher Hinsicht vom Vater unabhängig zu machen. Er wußte zu jenem Zeitpunkt nicht, wovon er leben sollte. Aber er setzte sein Vertrauen auf Gott. Er wurde damit nicht zuschanden! Durch Vermittlung von Professor Tholuck bekam er den Auftrag, einigen Amerikanern, die in Halle studierten, Deutsch-Unterricht zu geben. Die Vergütung, die er dafür empfing, war so reichlich, daß er davon die restlichen zwei Jahre seines Studiums bestreiten konnte.

In Gottes Schule

An Eifer, für Gott zu arbeiten, fehlte es Georg Müller nicht, dafür an Einsicht und Erfahrung. Auf was für Torheiten kann doch unser Herz kommen, wenn es den guten Rat gereifter Christen nicht annimmt! Die Brüder in Halle hatten Georg Müller geraten, still abzuwarten, bis Gott ihm eine deutliche Weisung geben würde, in die Äußere Mission zu gehen. Aber warten war nicht seine Sache! Er kaufte kurzerhand ein Lotterielos und sagte zu Gott, daß, wenn es gewinnen würde, dies ein Zeichen für ihn sein solle, aufs Missionsfeld zu gehen. Und wirklich! Ein kleiner Gewinn fiel auf sein Los. Er meinte, seiner Sache nun sicher zu sein. Sofort meldete er sich bei der Berliner Missionsgesellschaft — und wurde nicht angenommen, weil seinem Aufnahmegesuch die Einwilligungserklärung des Vaters fehlte. Er mußte lernen, auf Gottes Stunde zu warten und einzugehen auf *seinen* Weg. So war er vorläufig an die Heimat gebunden. Hier hatte er noch einige wichtige Lektionen zu lernen, ehe ihm weitere Dienste anvertraut werden konnten.

Am 27. August 1826 wurde er zum erstenmal gebeten, einen Gottesdienst zu halten. In der Nähe von Halle sollte er einen alten, kranken Pfarrer vertreten. Da er sich außerstande fühlte, eine Predigt selbst auszuarbeiten, suchte er eine gute gedruckte Predigt aus und lernte sie auswendig. Es war eine saure Arbeit! Mehr als eine Woche lang lernte er an der Predigt. Und als er sie dann am Sonntag votrug, fühlte er sich tief unglücklich dabei. — Die Bitte, auch am Nachmittag die Predigt zu halten, brachte ihn in große Verlegenheit. Er hatte ja keine zweite Predigt vorbereitet. Im Glauben entschloß er sich dann, einfach die Seligpreisungen von Matthäus 5 vorzulesen und sie schlicht auszulegen. Kaum hatte er angefangen zu reden, als er merkte, wie der Geist Gottes ihn lehrte und ihn mit Freimut und Freude erfüllte. Seine einfachen Ausführungen wurden von seinen Hörern verstanden und dankbar aufgenommen. Sein Biograph, D. theol. Pierson, berichtet im Blick auf jene ersten Predigtversuche: „Auf seinem Rückweg nach Halle sagte sich Georg Müller: ‚Dies ist die richtige Art des Predigens.‘ Indessen war er im Zweifel, ob wohl eine so einfache Schrifterklärung auch für die Stadt, in eine Versammlung von gebildeten Leuten passen würde. Er mußte noch lernen, daß die ‚vernünftigen Reden menschlicher Weisheit das Kreuz Christi zunichte machen‘, und daß gerade die rechte Einfachheit die Gewähr bietet, von allen verstanden zu werden. — Das war ein neuer wichtiger Schritt in seiner Vorbereitung für den kommenden Dienst. Er blieb sein Leben lang einer der einfachsten und schriftgemäßesten Redner."

In jene Zeit fällt ein Ereignis, das für sein ganzes späteres Wirken von größter Bedeutung werden sollte. Er bekam Verbindung mit dem von August Hermann Francke gegründeten Waisenhaus, in dem er ein Freiquartier erhielt. Was er in diesem Hause sah und hörte, wurde für ihn wegweisend. So wurde Georg Müller schon als junger Mensch für die große Aufgabe vorbereitet, die Gott für ihn bereit hatte.

Nach England!

Georg Müller schaute erneut nach einer Möglichkeit aus, Verbindung mit einem Missionswerk zu bekommen. Als darum im Oktober 1827 sein Freund Hermann Ball auf der Rückreise von Polen bei ihm war und ihm berichtete, daß er seiner angegriffenen Gesundheit wegen nicht mehr in Polen arbeiten könne, entstand in ihm der Wunsch, an seiner Statt hinauszuziehen. Es kam aber nicht dazu. Der Vorstand der Londoner Judenmissionsgesellschaft hatte erfahren, daß Georg Müller willig sei, unter Juden zu arbeiten. So wurde ihm vorgeschlagen, zur Vorbereitung für diesen Dienst ein halbes Jahr als Missionszögling nach London zu kommen. Er ging auf diesen Vorschlag ein, obwohl es ihm nicht behagte, nochmals eine Probezeit durchmachen zu müssen. Da tauchte ein neues Hindernis auf: Er konnte keinen Auslandspaß bekommen, ehe er nicht seiner Militärpflicht genügt hatte! In Berlin, wo er einige Wochen verbrachte, um Deutsch-Unterricht zu erteilen, hoffte er, einflußreiche Menschen zu finden, die ihm behilflich sein könnten, den erforderlichen Paß zu erlangen. Aber alle seine Bemühungen waren vergeblich. Gott half ihm auf andere Weise. Er wurde mehrmals ernstlich krank. Als er sich dann nach seiner Genesung zur militärärztlichen Untersuchung stellte, wurde er für untauglich befunden und vom Wehrdienst befreit. So konnte er im Februar 1829 nach London reisen.

Im Missionsseminar hat er nun fleißig studiert und sich besonders auf das Hebräische verlegt. In dieser Zeit hörte er durch einen Studenten von einem Herrn Groves, der Zahnarzt in Exeter war, und dann sein gesichertes Einkommen in Höhe von 30 000 Mark jährlich aufgegeben hatte, um mit Frau und Kind als Missionar nach Persien zu gehen. Dies hat Georg Müller tief beeindruckt und zur Nachahmung bewegt.

Eine Erkrankung führte ihn später dazu, daß er in Teignmouth Erholung suchte. Der Aufenthalt an diesem Ort war für ihn von weittragender Bedeutung. Hier lernte er Henry Craik kennen, mit dem er dann so viele Jahre hindurch Schulter an Schulter für des Herrn Sache zusammenstand.

Kurz nach seiner Rückkehr nach London fühlte er sich wieder krank. Er kam zu der Überzeugung, daß es für ihn nach Leib und Seele besser ist, wenn er sofort an die missionarische Front ginge, anstatt noch länger zu studieren. Er trat deshalb an die Missionsgesellschaft mit der Bitte heran, ihn sofort für ein Arbeitsfeld zu bestimmen, und ihm einen älteren, erfahrenen Mitarbeiter an die Seite zu stellen. Sechs Wochen lang wartete er vergeblich auf Bescheid. Da begann er von sich aus, oder richtiger, dem Drängen des Heiligen Geistes gehorchend, die Arbeit aufzunehmen. In der Stadt verteilte er christliche Schriften, suchte auch die Juden an ihren Plätzen auf und las mit etwa fünfzig jungen Leuten die Bibel. Auch eine Sonntagsschule fing er an.

Im Herbst 1829 kam es dann aus Gewissensgründen zur Lösung von der Londoner Missionsgesellschaft. Er hat sie in keiner Weise getadelt, aber er glaubte, dem Herrn zu folgen, wenn er unabhängig von einer menschlichen Leitung ihm diente. Dieser Schritt, der gewiß nicht ohne weiteres nachgeahmt werden darf, hat ihn nie gereut. Es war Gott selbst, der ihn aus mancherlei Verbindungen herauslöste, um ihn für jenes Werk zu bereiten, das er durch ihn tun wollte.

Ohne an einen bestimmten Ort gebunden zu sein, verkündigte jetzt Georg Müller das Evangelium. In Shaldon vertrat er auch gelegentlich Henry Craik, wodurch die Verbindung mit ihm noch weiter gefestigt wurde. In Teignmouth berief ihn dann eine kleine Gemeinde von 18 Mitgliedern zu ihrem Prediger. Unter seiner Tätigkeit kam es zu einem fruchtbaren Wachstum der Gemeinde, aber immer blieb es sein Anliegen, nur da zu arbeiten, wo der Herr ihn gebrauchen wollte.

Reich beschenkt wurde Georg Müller, als ihm am 7. Oktober 1830 seine Ehefrau angetraut wurde. Es war Marie Groves, die Schwester jenes Zahnarztes aus Exeter, der seine gesicherte Existenz aufgegeben hatte, um in Persien das Evangelium zu verkündigen. Vierzig Jahre lang war Georg Müller mit seiner Frau in der Nachfolge Jesu und in seinem Dienst vereinigt. Beide wollten keinen Besitz haben als den Glauben an ihren Herrn. Nichts sollte die Grundlage ihres Durchkommens sein, als er selbst. Deshalb sammelten sie sich auch keinen Notgroschen. Sie sorgten sich nicht um Rücklagen für besondere Vorkommnisse. Sie handelten so nicht aus Verantwortungslosigkeit oder Leichtsinn, sondern aus dem Glauben. Ihr Leben sollte den Beweis dafür erbringen, daß Gottes Verheißungen zuverlässig sind und daß an ihm nicht zuschanden werden, die sich auf ihn verlassen.

Den jungen Eheleuten blieb das Leid nicht erspart. Am 9. August 1831 wurde ihnen ein totes Kind geboren. Dadurch wurde Georg Müller in ernste Selbstprüfung getrieben. Er machte sich Vorwürfe darüber, daß er nicht an eine solche Möglichkeit gedacht und treuer für seine Frau gebetet hatte. Sechs Wochen lang lag seine Frau nach der Geburt krank darnieder. Viele unvorhergesehene Ausgaben waren nun nötig geworden. Aber alles wurde ihnen aus der Hand des Herrn gegeben. „Dem Herrn auch für die zukünftigen Bedürfnisse zu vertrauen, blieb ihr Grundsatz, solange sie zusammen lebten und arbeiteten. Die Erfahrung bestätigte ihnen, daß man ihm für die außerordentlichen Lagen geradeso einfältig vertrauen kann wie für das tägliche Brot."

Erstes Wirken in Bristol

Henry Craik, der treue Freund Georg Müllers, ging im März 1832 nach Bristol, um dort vier Wochen lang zu evangelisieren. Gott hatte ihm eine offene Tür geschenkt. Nachdem er einige Wochen dort war, bat er Georg Müller, zu ihm zu kommen und ihm zu helfen. Georg Müller betete wegen dieser Sache und beschloß, dem Ruf zu folgen. Auf der Fahrt nach Bristol hatte Gott in besonderer Weise mit ihm zu reden. Er zeigte ihm, daß die viele „Reichsgottesarbeit" ihn verführt hatte, den verborgenen Umgang mit dem Herrn selbst zu vernachlässigen. Man kann das Bibellesen und Beten ja auch nur „pflichtgemäß“ erledigen, ohne daß man Licht und Kraft von Gott bezogen hat. Man kommt dann in eine Vielgeschäftigkeit hinein, die vielleicht das Lob der Menschen erhält, der aber die Anerkennung durch den Herrn fehlt. So muß es damals bei Georg Müller gewesen sein. Er ließ sich auf jener Fahrt vom Herrn sagen, was anders werden mußte, und handelte entsprechend. Die Gemeinschaft mit Jesus selbst nahm wieder den ersten Platz in seinem Leben ein.

Der Dienst der beiden Männer war reich gesegnet. Kein Wunder, daß sie unter dem starken Eindruck standen, daß Gott sie für diese Arbeit bestimmt habe. Gleichzeitig aber war diese gemeinsame Arbeit für Georg Müller eine Schule der Demut. Es war offensichtlich, daß Bruder Craik „mehr zog“. Er war bei vielen der Beliebtere, dessen Dienst man mehr schätzte als den seines Mitarbeiters. Georg Müller hat seine Lektion gelernt. Er wußte, daß die verschiedenen Gaben von Gott zur Ergänzung füreinander gegeben sind und daß einer den andern braucht. So hat er gelernt, seinen Mitbruder „höher zu achten als sich selbst“. Die beiden blieben in *einem* Geiste verbunden und erfuhren die Wahrheit des Wortes: „Wo Brüder einträchtig beieinander wohnen, daselbst verheißt der Herr Segen und Leben immer und ewiglich“ (Psalm 133).

Gott hat diesen Mann, der demütig dem anderen den ersten Platz gönnte, später erhöht, indem er ihm Dienste in aller Welt anvertraute!

In jener Zeit legte es sich Georg Müller besonders aufs Herz, eine Gemeinschaft zu gründen, deren Vorbild das Leben der ersten christlichen Gemeinden sein sollte. So kam es am 13. August 1832 zu einer denkwürdigen Besprechung in der Bethesda-Kapelle. Sieben Personen, unter ihnen Georg Müller und Henry Craik, schlossen sich zusammen, um eine Gemeinschaft zu bilden „ohne irgendwelche Satzungen, nur mit dem Wunsch, dem Licht entsprechend zu handeln, das der Herr ihnen durch sein Wort geben würde“. So lesen wir darüber in Georg Müllers Tagebuch.

Damals wütete in Bristol die Cholera. Der Tod forderte viele Opfer unter Großen und Kleinen. Furcht und Trauer lag über der ganzen Stadt. In diesen Tagen des Schreckens wurden die Eltern Müller am 17. September 1832 durch die Geburt ihres Töchterchens, Lydia, erfreut.

Lydia wurde später eine hervorragende Mitarbeiterin ihres Vaters. Sie verheiratete sich mit James Wright, dem späteren Nachfolger Georg Müllers in der Leitung der Waisenhäuser.

Ein anderes wichtiges Ereignis fällt in diese Zeit. Im Februar 1833 begann Georg Müller, das Lebensbild von August Hermann Francke zu lesen. Wir haben schon gesehen, daß er in Halle mit dem Lebenswerk dieses Mannes bekannt geworden war und als Student eine Zeitlang in einem der Waisenhäuser A. H. Franckes gewohnt hatte. Jetzt brachte ihn die Lektüre seines Lebensbildes dazu, auch an die Waisen seiner nächsten Umgebung zu denken. Er überlegte, ob nicht auch er etwas für sie tun könne, und „als er darüber sann, brannte es wie Feuer in seinem Herzen“. Sein Biograph A. T. Pierson berichtet: „Es war ein Samenkorn in sein Herz gefallen, das in Kürze aufgehen sollte, und aus dem die beiden großen Reichsgotteswerke: die *Waisenhäuser* und die *Anstalten zur Schriftverbreitung* mit ihren vielen Zweigen und weitreichenden Früchten hervorwuchsen.“

Die Tätigkeit der oben erwähnten Anstalt zur Schriftverbreitung war mehr als ein halbes Jahrhundert lang von reichem Segen begleitet. Unzählige Bibeln und christliche Schriften wurden in alle Welt versandt. Aber die eigentliche Lebensaufgabe Georg Müllers war doch das Werk für Waisen. Wie es dazu kam, daß aus dem Wunsch, der sich immer wieder geregt hatte, die kräftige Tat wurde, sagt uns D. Pierson: „Im Jahre 1835, am 20. November, als er bei einer christlichen Schwester zum Tee war, kam ihm wieder ein Exemplar von Franckes Lebensbild in die Hand. Nun reifte der schon lang gehegte Gedanke schnell zum Entschluß, und der Entschluß schnell zur Tat. Der Umstand, daß er zu jener Zeit als Antwort auf sein Gebet 200 Mark mehr erhalten hatte, als er für ein anderes Werk brauchte, gab ihm die Zuversicht, den Schritt zu wagen. Schien es doch, als gebe ihm Gott dadurch ein Zeichen seiner Bereitwilligkeit, für alle Bedürfnisse aufzukommen."

In jenen Tagen suchte Georg Müller besonders viel Stille vor Gott. Es lag ihm daran, daß nicht ehrsüchtige Beweggründe ihn bei seinem Vorhaben leiteten. Er bat Gott darum, ihn zu reinigen von aller Ichhaftigkeit und Eitelkeit. Nicht der Name Georg Müllers sollte groß werden, sondern der Name Jesus. Auch den Rat seines treuen Bruders Craik suchte er. Georg Müller war kein Mann, der in einsamer Höhe über den Brüdern schweben wollte. Dankbar ließ er sich durch andere beraten. Daß Craik ihn in seinem Vorhaben bestärkte, war ihm eine große Hilfe. Am 9. Dezember 1835 war dann die erste Versammlung der Gemeinde, in der er seinen Plan, ein Waisenhaus zu eröffnen, bekanntgab. In jenen entscheidungsschweren Tagen redete der Herr zu ihm durch das Wort aus Psalm 81, 11: „Tue deinen Mund weit auf, laß mich ihn füllen!“ Diese Verheißung begleitete ihn durch sein ganzes Leben. Im Blick darauf erlangte er große Freimütigkeit im Gebet. Er wußte ja, was wir alle auch wissen können, daß die Verheißungen Gottes uns dazu gegeben sind, daß wir sie im Glauben ergreifen und in Gebet umwandeln. Wie kühn wurden jetzt seine Bitten! Er erbat ein Haus mit Zubehör, 20 000 Mark und eine geeignete Hilfe zur Aufsicht der Kinder. Zwei Tage später schon erhielt er die erste Gabe in bar für das neue Werk. Eine Mark! Und noch zwei Tage später kam die erste Spende für die Ausstattung des Hauses: Ein großer Kleiderschrank.

In einem Prospekt wurden drei Hauptzwecke für die Gründung des beabsichtigten Waisenhauses namhaft gemacht:

1. daß Gott verherrlicht werde, indem er die Mittel darreicht und so offenbar wird, daß es nicht umsonst ist, ihm zu vertrauen;

2. daß das geistliche Wohl vater- und mutterloser Kinder gefördert werde;

3. daß für ihr zeitliches Wohlergehen gesorgt werde.

Was nun weiter geschah, ist eine Kette von Wundern. Auf den kindlichen Glauben eines schwachen Menschen hat Gott mit unzähligen Taten seiner Liebe und seiner Macht geantwortet. Ein besonderes Anliegen war es Georg Müller, daß ihm Gehilfen geschenkt werden möchten, die mit ihm „in *einem* Geist und *einer* Seele“ zusammenstünden. Es ging ihm nicht in erster Linie darum, „tüchtige Fachkräfte“ zu bekommen, die bei allen Fähigkeiten einem Werk großen Schaden zufügen können, wenn sie nicht denselben Geist des Glaubens haben, in dem das Werk angefangen wurde. Deshalb erbat er sich seine Mitarbeiter von Gott. Wie sie kamen, ein Bruder und eine Schwester, soll uns ihr Brief sagen, mit dem sie sich dem Waisenhaus zum Dienst anboten: „Wir bieten uns an für das beabsichtigte Waisenhaus, wenn Sie uns für fähig dazu halten; wir sind bereit, alle unsere Möbel usw., die der Herr uns gegeben hat, dem Haus zu überlassen. Wir wollen den Dienst tun, ohne irgendwelche Bezahlung zu beanspruchen, da wir glauben, daß, wenn es der Wille des Herrn ist, uns zu brauchen, er für alle unsere Bedürfnisse sorgen wird." — Noch weitere ähnliche Meldungen kamen. Gott handelte! Auch im Blick auf das nötige Geld. Eine der ersten Gaben kam von einer armen Näherin, die die erstaunlich große Summe von 2000 Mark opferte. Welche Ermutigung war das für Georg Müller, der um der Ehre des Herrn willen niemals Schulden machte, und sich nie an einen Menschen wandte, um Geld zu bekommen!

Nun fehlte noch ein Haus, in dem die Waisen untergebracht werden könnten. Auch dafür wurde gebetet. Und das Haus kam! Das Gebäude Wilsonstraße Nr. 6, in dem Georg Müller selbst seither gewohnt hatte, wurde für ein Jahr gemietet und am 21. April 1836 bezogen. „Dieser Tag wurde zum besonderen Bitt- und Danktag gemacht. Es wurde öffentlich bekanntgegeben, daß man nun in der Lage sei, bedürftige Kinder zu versorgen; und am 18. Mai wurde bekanntgemacht, daß in kurzem ein zweites Haus für kleinere Kinder, Knaben und Mädchen, eröffnet werden solle." Herrliche Sache, ein solches Angebot hinausgehen lassen zu können! Aber welche Enttäuschung gab es, als der Termin für die

Meldungen verstrichen war und nicht für ein einziges Kind die Aufnahme erbeten worden war! Von diesem Tag berichtet uns D. Pierson: „Georg Müller war tief gebeugt. Den ganzen Abend dieses Tages lag er buchstäblich auf seinem Angesicht, um sein eigenes Herz und dessen Beweggründe zu prüfen. Er flehte Gott an, ihn zu erforschen und zu erfahren, wie er es meine. Dabei kam es zu solcher Beugung, daß er in Wahrheit sagen konnte, er wolle sich freuen, wenn der ganze Bau wieder zu nichts werde, sofern Gott dadurch mehr geehrt werde." — Georg Müller bekennt im Blick auf dies Erleben, daß er mit seinen Freunden wohl um Geld, Mitarbeiter, Häuser usw. gebetet hatte, aber nicht darum, daß Gott auch die Waisen schicken möge. Er meinte, das sei doch selbstverständlich, daß sie kämen. Daß er nicht die Waisen von Gott erbeten hatte, beugte ihn tief.

Ein zweites Haus, das auch in der Wilsonstraße gemietet werden konnte, wurde am 28. November 1836 bezogen. Im Oktober 1837 wollte Georg Müller ein drittes Haus mieten. Die Nachbarschaft jenes Hauses aber nahm eine feindselige Haltung ein und sperrte sich gegen diesen Plan, worauf er ihn aufgab. Er dachte an das Wort: „Ist es möglich, soviel an euch liegt, so habt mit allen Leuten Frieden" (Röm. 12, 18). Bald darauf sollte er erfahren, daß denen, die Gott lieben, alle Dinge zum besten dienen müssen: In der gleichen Straße, in der die beiden andern Häuser standen, wurde ihm ein geeignetes Haus vermietet.

Ende 1837 konnte Georg Müller im Blick auf das hinter ihm liegende Jahr folgenden Eintrag in sein Tagebuch machen:

„Drei Waisenhäuser sind nun eröffnet mit 81 Kindern

und neun Helfern. In den Sonntagsschulen werden 320 Kinder unterrichtet und in den Alltagsschulen 350, und der Herr hat für die zeitlichen Bedürfnisse 6 140 Mark gegeben."

Ein viertes Waisenhaus wurde im Frühjahr 1843 eröffnet. Vorher gab es mancherlei Schwierigkeiten. Georg Müller aber blieb vor Gott stehen mit dem Gebet: „Herr, wenn du kein neues Waisenhaus nötig hast, habe ich's auch nicht." — Und wieder schenkte Gott ein Gelingen.

In eigenen Häusern

Mancherlei Umstände machten es deutlich, daß es nicht länger das richtige sei, die Waisen in Mietshäusern zu haben. In der Wilsonstraße gab es allerlei Nöte. Einigen Bewohnern dieser Straße waren die Kinder zu laut. Sie beschwerten sich über den Lärm, ohne den es bei einer Schar gesunder Kinder nun einmal nicht abgeht. Die Spielplätze waren nicht genügend groß. Auch in hygienischer Hinsicht waren Mängel da. So entstand allmählich der Gedanke an ein eigenes Haus. Man war sich darüber klar, was das bedeutete. Dazu waren Summen nötig, die weit über das hinausgingen, was seither für die Betreuung der Waisen aufgewendet werden konnte. Allein der Bauplatz würde ja wohl an die 50 000 Mark kosten! Georg Müller handelte nun, wie er es schon immer getan hatte: Er ging mit seinen Plänen in die Stille vor Gott. Vor ihm breitete er aus, was ihn bewegte. Ihn bat er, aus seinem Sinn wegzunehmen, was nicht nach seinem Willen wäre. Und dann sprach er mit seinen Mitarbeitern alles durch. Mit ihnen gemeinsam betete er unablässig um Leitung von Gott.

Über ihrem Beten wurden sie dann gewiß, daß der Plan nicht aus ihnen stammte, sondern Gottes Auftrag war. Glaubend gingen sie ans Werk. Gott ließ sie nun Wunder über Wunder erleben. Nachdem sie schon 36 Tage für das neue Haus gebetet hatten, bekam Georg Müller eine Gabe von 20000 Mark dafür. Das war am 10. Dezember 1845. Drei Tage später machte ein Architekt das Angebot, kostenlos die nötigen Pläne zu zeichnen und das Bauvorhaben zu leiten. Das alles war eine große Ermutigung. Weitere Gaben gingen ein: 1000 Mark; 3,50 Mark, und am gleichen Tage noch einmal 20000 Mark. Die kleinen Gaben waren ebenso ein Anlaß, Gott zu preisen wie die großen. Man sah in den 33 Pfennigen, die damals ein armes Waisenkind schenkte, ebenso die Liebe Gottes wie in den großen Beträgen.

Unser Raum reicht nicht aus, im einzelnen zu schildern, wie Gott es geschehen ließ, daß immer wieder pünktlich alle nötigen Gelder zur Verfügung standen. Am 18. Juni 1849 war es soweit, daß die Waisenkinder ihre Mietshäuser in der Wilsonstraße verlassen konnten, um in das neue, schöne und geräumige Haus in Ashley Down einzuziehen.

In diesem Haus hatten bis zum 26. Mai 1850 schon 275 Kinder Aufnahme gefunden. Damit war aber Georg Müller noch lange nicht zufrieden. Ihn bewegte der Gedanke, daß mehr für die Ehre Gottes und das Heil der Menschen herauskäme, wenn er Raum für 1000 Waisen hätte. Und die Mittel, die dafür nötig wären? Ein neues Haus, das für weitere 700 Kinder Raum bieten könnte, würde mit dem Bauplatz wohl auf 700000 Mark kommen. Und 160000 Mark würden jährlich zu ihrer Versorgung nötig sein. Woher sollten solche Summen kommen? Georg Müller hatte nur die eine Antwort: *der allgenugsame Gott.* „Und weil Georg Müllers Auge auf Seine Macht und Weisheit und Reichtümer blickte, vergaß er seine eigene Schwachheit, Torheit und Armut." — Auf den besorgten Einwand, was nach seinem Tode aus den Anstalten werden solle, gab er die für ihn bezeichnende Antwort: „Meine Sache ist es, mit allen mir zu Gebote stehenden Mitteln meinem eigenen Geschlecht zu dienen nach Gottes Willen; und auf diese Weise werde ich auch dem kommenden Geschlecht am besten dienen, wenn der Herr Jesus mit seinem Kommen noch verzieht."

Die Gründe, die Georg Müller bei dem Gedanken an eine Erweiterung des Werkes leiteten, sagt er uns selbst: „Die vielen Aufnahmegesuche, die des Platzmangels wegen nicht berücksichtigt werden konnten, der sittliche Tiefstand der Armenhäuser, in die diese Kinder der Armut sonst geschickt wurden, das große Elend verwaister Kinder, die ohne Hilfe blieben." Aber *ein* Grund überwog alle andern: „Ein ausgedehnter Dienst an der Menschheit, der allein in der Abhängigkeit vom Herrn geschieht, würde ein um so größeres Zeugnis sein für den *Gott, der Gebete erhört.*"

Und nun die Geschichte vom Bau des zweiten Hauses. Wir geben sie in einigen trockenen Zahlen. Aber hinter diesen Zahlen stehen Herzen, die durch die Liebe Gottes bewegt wurden, zu beten und zu opfern.

Am 4. 1. 1851 ging die bisher größte Gabe ein: 60 000 Mark. Aber bis Oktober desselben Jahres wurden insgesamt nur 22 000 Mark für das zweite Waisenhaus gegeben. Bis zum 26. 5. 1852 war die Summe auf 70 000 Mark angewachsen. Es sei noch bemerkt, daß die oben erwähnten 60 000 Mark nicht ausdrücklich für das neue Waisenhaus bestimmt waren. Doch konnte Georg Müller frei darüber verfügen. In dieser Zeit, da die Gaben so schleppend eingingen, lernte er an Jakobus 1, 4: „Die Geduld aber soll ihr Werk tun bis ans Ende.“ Daran hielt er sich.

Nach 19 Monaten glaubenden Wartens erhielt Georg Müller davon Kenntnis, daß ein Freundeskreis 162 000 Mark gespendet hätte.

Am 26. Mai 1853 waren 250 000 Mark verfügbar. Aber auch 500 Anmeldungen von Waisen lagen vor!

Am 8. Januar 1855 stellte ein Freundeskreis wieder 114 000 Mark zur Verfügung.

Am 26. Mai 1856 waren fast 600 000 Mark für Haus Nr. 2 beisammen. Inzwischen waren 700 bis 800 Bitten um Aufnahme von Waisen gekommen!

Die Eröffnung des Hauses für 400 Waisen konnte am 12. November 1857 stattfinden.

Nach Bezahlung aller Rechnungen verblieb ein Überschuß von 46 000 Mark. Wieder einmal hatte Gott es seine Leute erfahren lassen: „Es fehlte nicht an allem Guten, das der Herr dem Hause Israel verheißen hatte. Es kam alles“ (Jos. 21, 45).

Das dritte Haus

Mit einer Rücklage von 12 000 Mark, die Anfang 1858 gemacht wurde, ging Georg Müller daran, ein drittes Haus zu bauen. Der Andrang der Waisen nahm immer noch weiter zu! Fast täglich kamen Bitten um Aufnahme. So wurde ein Bau für 450 Insassen beschlossen. Dieses dritte Haus konnte am 12. März 1862 die Kinder aufnehmen. Für die laufenden Ausgaben standen 200 000

Mark zur Verfügung! — Etwas ganz Wesentliches fehlte aber noch: Eine Anzahl Mitarbeiter für dieses Haus. Hören wir, wie diesem Mangel abgeholfen wurde: „Zwar waren die nötigen Gehilfen noch nicht alle gefunden, aber diese Wartezeit war nur ein neuer Antrieb zu gläubigem Gebet! Anstatt *einmal*, stiegen *dreimal* am Tage die Gebete zu Gott empor, daß er die passenden Leute schickte. Und es kam einer nach dem andern und jeder zur rechten Zeit, so daß die Aufnahme der Kinder nicht aufgehalten wurde und das Werk im ganzen seinen geregelten Gang hatte."

Das vierte und fünfte Haus

Der Strom derer, die um Aufnahme in das Waisenhaus baten, schwoll immer mehr an. Und es war so schwer, immer wieder schreiben zu müssen, daß kein Platz mehr sei. Deshalb legte es sich Georg Müller aufs Herz, ein viertes und fünftes Haus zu errichten. Wie dieses neue Bauvorhaben wuchs, sollen uns wieder einige Zahlen vor Augen führen:

26. Mai 1862: 132 000 Mark stehen zur Verfügung.

November 1864: 100 000 Mark als Gabe eines unbekannten Spenders.

Gesamteingang bis November 1864: 540 000 Mark.

Mai 1866: 680 000 Mark sind in der Baukasse.

Der Bau des Hauses Nr. 4 wird begonnen.

Januar 1867: Beginn des Hauses Nr. 5.

März 1867: Über eine Million Mark steht zur Verfügung.

Anfang Februar 1868: Gesamteingang für diese beiden Häuser: 1 160 000 Mark.

5. November 1868 Eröffnung von Haus Nr. 4.

6. Januar 1870 Eröffnung von Haus Nr. 5.

Ein Überschuß von 100 000 Mark verblieb. In den fünf Häusern von Ashley Down war nun Raum für 2000 Waisenkinder, sowie für alle Lehrer und Gehilfen. Ein gewaltiges Werk war jetzt zu einem gewissen Abschluß gekommen. D. Pierson bemerkt dazu: *„Das einzige große Ziel war die Ehre Gottes, das einzige Hilfsmittel das gläubige Gebet, der einzige Ort, wo man Rat holte, war das Wort Gottes, und der einzige göttliche Lehrer der Heilige Geist.“*

Diese Häuser waren nun eine wirkliche Pflanzstätte Gottes. Kinder, die sonst verwahrlost aufgewachsen und in Armut und Elend untergegangen wären, fanden in den Häusern in Ashley Down alles, was sie für Leib und Seele brauchten: Eine gute Versorgung und Pflege, Anleitung zu nützlichen Kenntnissen und das beste: sie lernten Gottes Wort kennen. Es wurde ihnen gezeigt, wer der Herr ist, dessen Wort uns sagt: „Vater und Mutter verlassen mich, aber der Herr nimmt mich auf“ (Ps. 27, 10).

Während das letzte Haus seiner Vollendung entgegenging, lag Georg Müllers treue Lebensgefährtin schwer krank. Sie fühlte, daß ihr Ende nahe sei. Doch hatte sie noch die Freude, die Einweihung des letzten Hauses zu erleben. An einem Sonntag, am 6. Februar 1870, ging sie heim. Vierzig Jahre lang war sie mit ihrem Mann im Glauben und in der Liebe verbunden gewesen. Wie sie selbst über ihr Sterben dachte, zeigt uns ein Wort von ihrer Hand, das ihre Tochter Lydia zwei Jahre vor dem Heimgang der Mutter in einem Taschenbuch fand: „Sollte es dem Herrn gefallen, M. M. (Mary Müller) plötzlich wegzunehmen, so möge doch keines der teuren Überlebenden denken, das geschehe zum Gericht für die Hinwegeilende oder die Zurückbleibenden. Sie hat oft, wenn sie des Herrn Nähe spürte, gedacht, wie köstlich es wäre, gerade jetzt abzuscheiden und bei dem Herrn zu sein allezeit. Nur der Gedanke, welch ein Schlag es für den Gatten und die Tochter wäre, hat das Sehnen gebändigt, aus der Vergänglichkeit zum Herrn zu entfliehen. Süßer Heiland, dein Wille soll auch darin geschehen, wie in allem, und nicht der ihre!"

Der Mann eines Buches

Seit jenem denkwürdigen Samstagabend in Veit Wagners Haus in Halle war die Bibel das Buch des Lebens für Georg Müller geworden. Je länger, desto mehr erkannte er, welch großes Geschenk Gott uns mit der Heiligen Schrift gegeben hat. In den ersten Jahren nach seiner Bekehrung zog er zwar öfters noch andere Bücher der Bibel vor. Von einem bestimmten Zeitpunkt ab wurde das anders. „Nachdem er dann einmal Geschmack gefunden hatte am Wort Gottes, begriff er selbst nicht mehr, wie er es je hatte so vernachlässigen können. Es wurde ihm klar, daß, wenn Gott sich herabgelassen habe, selber der Verfasser eines Buches zu werden, indem er heiligen Männern eingab, was sie schreiben sollten, dieses gewiß die größten Lebenswahrheiten enthalten müsse. Seine Botschaft an die Menschen mußte alles in sich fassen, was nur irgend ihr Wohl betraf." So berichtet uns sein Biograph.

Eine große Förderung hinsichtlich seines Umgangs mit der Bibel wurde ihm durch das Lebensbild George Whitefields zuteil. Dieser Evangelist, der so vollmächtig das Evangelium verkündigte, hatte die Gewohnheit, die Bibel auf den Knien zu lesen. Gewiß ist die äußere Haltung beim Bibellesen und Beten nicht entscheidend. Aber für ihn war es ein Ausdruck seiner demütigen Beugung unter das geoffenbarte Wort Gottes. Er wußte, daß nur ein vor Gott gebeugtes Herz Licht über das Wort empfangen könne. Georg Müller ahmte es ihm nach. Nicht nur äußerlich. Auf den Knien liegend bat er um die Erleuchtung des Heiligen Geistes. Betend versenkte er sich in das Wort. Und über dem betenden Betrachten der Schrift beschenkte ihn sein Herr. Durch sie wurde er auch seines Auftrags an den Waisen gewiß. Während er eines Tages die Bibel las, wurde er von Psalm 68, 6 ergriffen: „Der ein Vater ist der Waisen." Dies Wort bekam für ihn, wie wir schon gesehen haben, eine besondere Bedeutung. In Zeiten großer Anfechtungen, die es immer wieder gab, berief er sich auf dieses Wort. Er selber schreibt darüber: „Mit Gottes Hilfe soll das mein Beweismittel ihm gegenüber sein, wenn Stunden kommen, wo wir für die Waisen etwas nötig haben. Er ist ihr Vater und hat sich daher verpflichtet, für sie zu sorgen, und ich muß ihn nur an die Bedürfnisse dieser armen Kinder erinnern, damit sie gestillt werden."

Daß ihm das Wort Gottes und die Gemeinschaft mit seinem Herrn wirklich über alles ging, zeigte ein Entschluß, den er im Jahr 1839 gefaßt hatte. Damals litt er wieder einmal unter länger andauernder körperlicher Schwachheit. Er mußte sich aus der Arbeit zurückziehen und suchte an mehreren Orten die Stille. Während er in Plymouth war, fühlte er sich gedrungen, früher als bisher aufzustehen, um ungestörten Umgang mit dem Herrn haben zu können. Seiner Kopf- und Nervenschwäche wegen hatte er sich seither reichlichen Schlaf gegönnt. Aber es war ihm in der Stille deutlich geworden, daß seine geistliche Gesundheit bei dieser Lebensweise abnehme. Er beschloß nun, künftig nicht länger als sieben Stunden zu schlafen. Diese Regel brachte ihm den Gewinn, daß er in aller Frühe, ehe der Tag mit seinen Geschäften auf ihn eindrang, Stunden ungestörten Umgangs mit Gott haben konnte. So hielt er es bis zu seinem Lebensende.

In der Gedächtnisrede für Georg Müller, die sein Schwiegersohn und Nachfolger, James Wright, hielt, hieß es: „Er hatte die Bibel wohl fast zweihundertmal durchgelesen. Er nährte sich von dem Wort und war darum stark. In seinen eigenen Augen immer schwach, elend, schlecht, unwürdig des geringsten Segens, verließ er sich einzig auf das Verdienst und die Vermittlung seines großen Hohepriesters."

Der glaubende Beter

> *„Ich habe mit Freuden mein ganzes Leben dem Zweck gewidmet, durch mein Beispiel zu zeigen, wieviel durch Gebet und Glauben ausgerichtet werden kann."*
>
> *Georg Müller*

Georg Müller war tief davon durchdrungen, daß er in sich selbst nichts war, nichts hatte und nichts konnte. Um so mehr schaute er auf seinen großen Herrn und hielt sich glaubend und betend an dessen Verheißungen. Es gab in seinem Leben kein Anliegen, für das er nicht gebetet hätte.

Er betete ums tägliche Brot für die Tausende von Waisen. Nie ist er im Stich gelassen worden. War oft auch kein Brot mehr im Haus und kein Geld in der Kasse, im letzten Augenblick sandte Gott immer, was nötig war. Gegen Ende seines Lebens konnte Georg Müller rühmen: „Nicht nur einmal, oder fünfmal, oder fünfhundertmal, sondern tausendmal während der sechzig Jahre hatten wir weder in bar noch in Lebensmitteln genug auch nur für *eine* Mahlzeit; aber nicht ein einziges Mal hat uns Gott im Stich gelassen; nicht ein einziges Mal haben wir oder die Waisen hungern müssen oder hat es uns eines Guten gemangelt."

Eines Tages besichtigten einige Damen und ein Herr die Waisenhäuser. Beim Anblick der vielen Waisen fragte der Herr: „Haben Sie ein genügendes Kapital?" Die Antwort, die Georg Müller gab, lautete: *„Unsere Kapitalien sind in der Bank niedergelegt, die nie fallieren kann."* Diese Antwort bewegte den Frager so, daß er hundert Mark aus der Tasche zog und sie Georg Müller gab. Daß in diesem Augenblick kein Geld mehr im Hause war, ahnte er nicht. —

Denselben Glauben finden wir später bei Hudson Taylor, der in einer Zeit großer geldlicher Bedrängnisse einmal feststellte: „Wir haben noch fünf Cent — plus sämtlicher Verheißungen Gottes." Es waren übrigens die Gebets- und Glaubenserfahrungen Georg Müllers, durch die Hudson Taylor im Jahre 1863 ermutigt wurde, die China-Inland-Mission zu gründen. Und wieviel andere mögen es noch sein bis auf den heutigen Tag, die durch die Erfahrungen Georg Müllers aufs neue veranlaßt wurden, ihr Vertrauen auf Gott und die Macht des Gebetes zu setzen!

Wie sehr Georg Müller daran lag, auch in den größten

Schwierigkeiten es nur mit seinem Herrn zu tun zu haben, zeigt folgender Schriftwechsel. Ein Freund des Werkes schrieb an Georg Müller: „Ist augenblicklich irgendein Bedürfnis vorhanden für Ihr Werk? Ich weiß, daß Sie nicht bitten, ausgenommen bei dem, dessen Werk Sie treiben; aber zu antworten, wenn man gefragt wird, scheint mir doch etwas anderes zu sein, etwas Erlaubtes. Ich habe einen Grund, warum ich den gegenwärtigen Stand ihrer Mittel kennenlernen möchte; sollten Sie nämlich kein dringendes Bedürfnis haben, so ist ein solches vielleicht bei andern Zweigen der Reichsgottesarbeit vorhanden, vielleicht sind andere Diener Gottes in Not. Geben Sie mir also gütigst Aufschluß über den Stand der Dinge und die Höhe der etwa verwendbaren Summe."

Als dieser Brief eintraf, war in der Kasse ein Bestand von 27,50 Mark. Und Hunderte von Waisen sollten versorgt werden! Trotzdem schwankte Georg Müller keinen Augenblick und antwortete: „Indessen ich Ihnen für Ihre Liebe danke, gehe ich im allgemeinen mit Ihnen darin einig, daß ein Unterschied besteht zwischen den Bitten um Geld und dem Auskunftgeben über den Stand der Kasse, wenn sie verlangt wird. Nichtsdestoweniger habe ich in unserem Fall nicht die Freiheit, über unsere geldliche Lage zu sprechen, da mein Hauptzweck bei der Führung des Werkes der ist, die Schwachen dahin zu führen, daß sie die Realität des Glaubens, der es *allein* mit Gott zu tun hat, einsehen."

Das Gebet, das Georg Müller nach Absendung des Briefes zu Gott emporsandte, ist uns auch bekannt geworden: „Herr, du weißt, daß ich um deinetwillen dem Bruder nichts von unserer Not sagte. Nun, Herr, zeige aufs neue, daß es eine Realität ist, mit dir allein von dem zu reden, was wir nötig haben. Sprich darum zu diesem Bruder, daß er uns hilft."

Gottes Antwort auf diese Bitte waren 2000 Mark, die ankamen, als die Kasse völlig leer war. Gott selbst hatte das Herz jenes Bruders entsprechend gelenkt!

Es waren nicht nur die großen Gaben, durch die der Herr half. Mehrmals zeigte er gerade durch kleinste Beträge, wie er an das Werk dachte. Es war im Herbst 1841, als schwere Glaubensproben durchgestanden werden mußten. Wie Gott den Glauben seines Knechtes stärkte, zeigt folgendes Erlebnis: Eine arme Frau gab zwei Pence (acht Pfennige) mit den Worten: „Es ist nur eine Kleinigkeit, aber ich muß sie Ihnen geben." — In jener Stunde fehlten genau zwei Pence, damit die Brotrechnung bezahlt werden konnte!

Der Waisenvater von Bristol war auch *ein dankbarer Beter.* Die Dankbarkeit gegen Gott trieb ihn an, den Menschen zu sagen, wieviel er ihm und anderen Gutes getan. Er wußte um das Wort: „Wer Dank opfert, der preiset mich, und da ist der Weg, daß ich ihm zeige das Heil Gottes" (Ps. 50, 23).

Georg Müller wußte nicht nur um das einsame Gebet, das er in der Stille seines Arbeitszimmers reichlich übte. Er wußte auch um den Segen der Gebetsgemeinschaft. Einem Kreis vertrauter Freunde wurde immer wieder Einblick in die Lage des Werkes gegeben. Dieser Bruderkreis hatte Anteil an den Prüfungen wie auch an den Freuden des Dienstes. So war es eine ganze Schar gläubiger Beter, die mit ihm zusammen Tag für Tag vor dem Herrn stand. Diese betenden Mitarbeiter brachten auch persönliche Opfer: privates Vermögen, Familien-Andenken, Schmuck aller Art. „Es wäre wenig am Platz zu beten, wenn wir nicht willig wären zu geben, was wir hatten", meinte ein Mitarbeiter.

Nicht nur die Versorgung der Waisen gab täglich Anlaß zum Gebet. Auch andere Anliegen waren es, die zu Gott trieben:

„Ende November 1857 entdeckte man, daß der Siedekessel der Zentralheizung im Haus Nr. 1 schadhaft war und eine sofortige Ausbesserung unumgänglich nötig machte. Da er von einer Backsteinmauer umgeben war und vielleicht ganz ersetzt werden mußte, war es eine Arbeit, die Zeit erforderte. Wie konnte man unterdessen 300 Kinder, von denen eine Anzahl noch sehr klein und zart war, vor Kälte schützen? Auch wenn man es mit Gasöfen hätte vorübergehend versuchen wollen, wären doch Kamine nötig gewesen, um die verbrauchte Luft abzuführen. Es gab keine Mittel, das Haus während der Zeit des Baues zu heizen, auch wenn man 2000 Mark dafür hätte ausgeben wollen.

Wieder wandte sich Georg Müller an den lebendigen Gott und entschied im Vertrauen zu ihm, daß mit der Ausbesserung sofort begonnen werden sollte. Einen oder zwei Tage, bevor man das Feuer ausgehen lassen mußte, setzte ein kalter Nordwind ein. Die Arbeit ließ sich nicht länger hinausschieben. Und doch bedrohte die vorzeitig eingebrochene Kälte die Gesundheit der Kinder. In kühnem Glaubensmut bat man den Herrn: ‚Herr, diese Waisen sind *dein;* laß es dir gefallen, den Nordwind in einen Südwind zu verwandeln, und gib es den Arbeitsleuten ins Herz, daß sie das Bauen beschleunigen.‘

Am Abend vorher blies noch der eisige Nordwind; aber am Tag, an dem die Arbeit begonnen wurde, wehte der

Südwind, und das Wetter war so mild, daß kein Einheizen nötig war. Und dann, als Georg Müller mit dem Werkführer in den Keller ging, um zu sehen, wie die Arbeit möglichst beschleunigt werden könnte, sagte dieser im Beisein der Arbeiter: ‚Wir werden bis heute abend spät daran arbeiten und morgen recht früh wieder anfangen.‘ — ‚Wir können die ganze Nacht arbeiten‘, erwiderten die Werkleute. Und so geschah es. In etwa 30 Stunden konnte das Feuer wieder angezündet werden. Der Südwind wehte, bis der Kessel wieder geheizt werden konnte.“

Gebet um Errettung der Kinder

So sehr Georg Müller darauf bedacht war, daß die Waisen erhielten, was sie an Kleidung und Brot, Erziehung und Ausbildung brauchten, so war es ihm doch ein Hauptanliegen, daß sie Jesus kennenlernen möchten. Die Bitte darum wurde reichlich erhört.

In den Jahren 1857—59 war Gottes Geist in besonderer Weise am Werk. Der friedliche Heimgang eines Waisenmädchens, Karoline Bayley, hatte eine Erweckung ausgelöst. Hunderte von Jungen und Mädchen fingen an, nach Gott zu fragen.

Auch im Jahr 1872 ist in den Aufzeichnungen Georg Müllers von einer solchen Erweckung berichtet. Hunderte von Kindern übergaben bewußt ihr Leben dem Herrn Jesus.

Während Georg Müller im Jahr 1880/81 in Nordamerika war, erreichte ihn wieder die Nachricht von einer Erweckung unter den Kindern. Viele wurden durch den Geist Gottes getrieben, Frieden zu suchen. — Konnte es anders sein in einem Hause, in dem der Leiter mit allen seinen Mitarbeitern unablässig darum rang, daß die Kinder nicht nur zeitliche Hilfe, sondern auch das ewige Heil fänden?

Anhaltendes Gebet

Georg Müller ist uns auch ein Vorbild für anhaltendes Beten. Ein Jahr vor seinem Heimgang erzählte er D. Pierson, daß er für zwei Menschen schon *sechzig Jahre* Tag für Tag bete. Obwohl er bis zu diesem Zeitpunkt noch nichts von einer Erhörung erfahren hatte, war er nicht mutlos. „Ich hege keinen Zweifel, daß ich ihnen beiden im Himmel begegnen werde, denn mein himmlischer Vater würde sie mir nicht als Gebetsbürde mehr als sechzig Jahre aufs Herz gelegt haben, wenn er über sie nicht Gnadenabsichten hätte."

Georg Müller wußte, daß zum rechten Beten auch das Warten im Glauben gehört. Er wurde damit nie zuschanden. Deshalb darf das Gebet jenes zehnjährigen Jungen, der einen Jahresbericht von Georg Müller gelesen hatte, auch das unsere sein: „Gott, lehre mich beten wie Georg Müller, und erhöre mich, wie du Georg Müller erhörst."

„Seit den Tagen John Wesleys hat vielleicht kein Mann auch in einer langen Lebenszeit soviel geleistet wie Georg Müller, und doch haben sich wenige so oft und so lange in das Gezelt des Gebets zurückgezogen wie er", sagt D. Pierson von ihm.

Missionsreisen in alle Welt

In einem Alter, in dem die meisten Menschen sich zur Ruhe setzen, wurde Georg Müller ein Wunsch erfüllt, den er schon als junger Mensch hatte: dem Herrn draußen auf dem Missionsfeld zu dienen. Freilich, in ganz anderer Weise, als er es sich einst gedacht hatte! In seinen jungen Jahren stellten sich ihm immer wieder Hindernisse in den Weg. Fünfmal hatte er sich vergeblich der Mission angeboten. Jetzt aber, als Siebzigjähriger, begann er, bis in die fernsten Länder das Wort des Lebens hinauszutragen. In allen fünf Erdteilen richtete er seine Botschaft aus.

Während seines Aufenthalts auf der Insel Wight im Jahr 1874 kam Georg Müller zu der Überzeugung, daß er seine Tätigkeit nicht auf Bristol beschränken sollte.

Folgende sieben Anliegen waren für ihn bestimmend, als er daranging, seine Reisen zu unternehmen:

„1. Er wollte das Evangelium in seiner Einfachheit predigen und besonders zeigen, daß die Erlösung nicht auf unser Gefühl oder selbst unsern Glauben, sondern allein auf das vollendete Werk Christi gegründet ist; daß die Rechtfertigung unser ist von dem Augenblick an, wo wir glauben; daß wir unsere Stellung als die „in dem Geliebten angenehm Gemachte“ festzuhalten haben ohne Rücksicht auf unsere Gefühle und Gemütsbewegungen.

2. Er fand es für nötig, die Gläubigen zur Gewißheit und Freude des Heils und zum Bleiben in Jesus anzuleiten, weil er sah, daß sogar viele Prediger und Pastoren durchaus keinen wahren Frieden und keine rechte

Freude in Christus hatten und darum auch andere nicht dazu führen konnten.

3. Er sah, wie nötig es war, die Gläubigen zum rechten Gebrauch der Schrift zu führen, damit sie deren verborgene Schätze fänden; daß sie an diesem Prüfstein alles beurteilen, daß sie sie täglich mit Sammlung und Gebet vor dem Herrn lesen, um sie dann im Gehorsam auszuleben.

4. Es war ihm ein Anliegen, unter allen wahren Gläubigen die brüderliche Liebe zu fördern; daß sie weniger die nebensächlichen Fragen, in denen Brüder verschiedener Meinung sein können, mehr aber die großen grundlegenden Wahrheiten, in denen alle Gläubigen eins sein sollen, betonen möchten. Er wollte allen, die den e i n e n Herrn lieben und ihm vertrauen, über engherzige sektiererische Vorurteile hinweghelfen.

5. Es war seine Absicht, den Glauben der Kinder Gottes an die in seinen unwandelbaren Verheißungen zugesagte Erhörung des Gebets zu stärken.

6. Es lag ihm an, daß die Kinder Gottes zur Scheidung von Welt und Weltwesen und zum Trachten nach himmlischen Dingen angehalten werden möchten. Gleichzeitig wollte er vor schwärmerischen Verirrungen wie z. B. vor der Lehre von der Sündlosigkeit schon im Erdenleben warnen.

7. Endlich sollte es sein Ziel sein, die Hoffnung der Jünger auf die Wiederkunft unseres Herrn Jesus zu richten. In Verbindung damit gedachte er auf die rechte Stellung der Kirche Christi zur Welt in dieser Zeit der Sammlung der Brautgemeinde aufmerksam zu machen."

Auf den langen und oft auch beschwerlichen Reisen, von

denen wir hören werden, wurde Georg Müller von seiner Frau begleitet. Nach dem Heimgang seiner ersten Frau im Februar 1870 schenkte ihm der Herr in Susanne Grace Stangar wieder eine Lebensgefährtin. Ende des Jahres 1871 wurden sie getraut. Sie war ihm eine treue Gehilfin, besonders während des im Jahre 1875 beginnenden siebzehnjährigen Reiselebens.

Es kann im Rahmen dieser Schrift nur ein kurzer Überblick über die dreizehn Missionsreisen gegeben werden, die das Ehepaar Müller in alle Welt führten.

Die erste Missionsreise begann am 26. März 1875. Zehn Wochen war Georg Müller unterwegs. Er sprach siebzigmal in verschiedenen Städten Englands. Auf seiner zweiten Reise folgte er dem Weg des amerikanischen Evangelisten Moody, durch den damals große Scharen zum Glauben erweckt wurden. In England, Schottland und Irland führte Georg Müller diese Erweckten tiefer in die Bibel ein.

Fünf ausgedehnte Reisen führten ihn aufs europäische Festland. In Deutschland, Italien, Holland, Frankreich, Österreich, Ungarn, Spanien und der Schweiz konnte er seine Botschaft ausrichten. Eine besondere Freude war es ihm, daß er in Kroppenstedt, seinem Geburtsort, nach einer Abwesenheit von 64 Jahren, seinen Herrn bezeugen durfte. In Italien und Spanien war es sein besonderes Anliegen, die Evangelischen, die als Minderheit in einer katholischen Umwelt lebten, im Glauben zu stärken.

Auch nach Rußland wurde ihm der Weg gebahnt. Dort war ums Jahr 1875 an vielen Orten ein neues Glaubensleben aufgebrochen. Die Träger dieser Erweckung waren hauptsächlich Persönlichkeiten des russischen Hochadels. Durch Besprechungen mit ihnen und durch biblische Vorträge konnte Georg Müller dieser jungen Glaubensbewegung wertvolle Dienste tun.

In Nordamerika war Georg Müller viermal. Weißen und Farbigen sagte er in vielen Staaten das Wort. Besonders aber zog es ihn zu seinen deutschen Landsleuten, denen er das Evangelium in ihrer Muttersprache sagte. Mit Vorliebe ging er auch in jene Ausbildungsstätten, in denen künftige Lehrer und Pfarrer unterrichtet wurden. „Das Salz des Evangeliums in die eigentlichen Quellen zu werfen, aus denen die Einflüsse auf das öffentliche Leben herrühren, schien ihm ein großes, heiliges Vorrecht zu sein."

Es litt Georg Müller nie lange zu Hause. Hatte er nach einer Reise in Bristol die dringendsten Aufgaben gelöst, zog es ihn mit Macht hinaus. Die zehnte Reise führte ihn im Jahr 1883 nach Indien. Als Achtundsiebzigjähriger kam er in das Land seiner jugendlichen Sehnsucht. Über zweihundertmal sprach er dort zu Missionaren und Eingeborenen.

Weitere große Reisen führten den jugendlichen Greis nach Australien, Neuseeland, Ceylon, Indien, Java und China. Während der zwölften Missionsreise, die von August 1887 bis März 1890 dauerte, erreichte Georg Müller die Nachricht vom Tod seines einzigen Kindes, seiner Tochter Lydia. Im Alter von 58 Jahren hatte sie der Herr heimgeholt.

Auf seiner letzten Reise von Juli 1890 bis Mai 1892 traf Georg Müller in Wien den bekannten Zeugen Jesu, *Dr. Friedr. Wilh. Baedeker*. Die beiden kannten sich schon viele Jahre. Bei dieser Begegnung kam es zu einer Ordination besonderer Art, die der damals sechsundachtzigjährige Georg Müller an seinem jüngeren Freunde vornahm, der aber auch schon achtundsechzig Jahre alt war. Betend legte er ihm die Hände auf und „sonderte ihn aus zum besonderen Dienst unter den verbannten Brüdern, indem er ihn der Liebe unseres himmlischen Vaters befahl". — Dr. Baedeker hat daraufhin es sich besonders angelegen sein lassen, die in Rußland um des Evangeliums willen Leidenden in ihren Gefängnissen und Verbannungsorten aufzusuchen. Vielen hat er dadurch Stärkung und Trost gebracht.

In siebzehn Jahren anstrengenden Reisedienstes hat Georg Müller im hohen Alter 42 Länder besucht und dabei eine Strecke von 322 000 Kilometern zurückgelegt. Welche Fülle von Gotteskraft konnte sich in diesem Leben auswirken!

Eine besondere Freude war es für ihn, wenn er auf diesen Reisen ehemalige Waisen aus seinen Häusern antraf. Und diese Freude wurde ihm reichlich zuteil. „Wo Georg Müller nur hinkam, traf er bekehrte ehemalige Waisen oder hörte von ihrem Wandel und ihrem Werk, oft in den entlegensten Winkeln der Erde. Oft warteten in großen Städten zehn oder fünfzehn am Schluß der Versammlung, um ihrem Vater die Hand zu schütteln und ihm ihre Dankbarkeit und Liebe auszudrücken. Er fand sie in jeder nur denkbaren Dienst- und Lebensstellung. Viele von ihnen hatten Familien, in welchen die Grundsätze, in denen sie selbst erzogen waren, nun auch geübt wurden."

„Ein Mensch gleich wie wir . . ."

Dieses Wort aus dem Jakobus-Brief, das von Elia gesagt wird, gilt auch für Georg Müller. Dieser hervorragende Knecht Gottes war bis an sein Lebensende tief davon durchdrungen, daß alles, was Gott an ihm und durch ihn getan hatte, nichts als unverdiente Gnade war. Ein tiefes Gefühl seiner Schuld begleitete ihn bis an sein Ende, und das Fundament seines Glaubens, seiner Gewißheit und seiner Freude war und blieb einzig das für ihn vergossene Blut Jesu.

Versuchungen und Anfechtungen aller Art machten ihm ebenso zu schaffen wie anderen Gläubigen auch. In seinen eigenen Augen war er schlimmer als alle anderen Menschen. Er hat nie vergessen, aus welchen Tiefen ihn die Hand Jesu errettet hatte! Und nach seiner Bekehrung hat er sich täglich neu in diese Hand gelegt, daß sie ihn bewahre und leite. „Nie, bis zur letzten Stunde, konnte er sich selber trauen, oder auch nur für einen Augenblick seinen Halt in Gott fahren lassen, oder das Wort Gottes und das Gebet versäumen, ohne in Sünde zu fallen."

In seinem Tagebuch schrieb er mit großer Offenheit von den Sünden, die ihm Not machten und es bewirkten, daß er immer wieder als ganz Armer zu Jesus kommen mußte. So lesen wir in seinen Aufzeichnungen: „Diesen Morgen machte ich dem Herrn große Unehre durch Reizbarkeit gegen meine liebe Frau, und zwar, nachdem ich fast unmittelbar vorher auf meinen Knien Gott dafür gelobt hatte, daß er sie mir gegeben."

Georg Müller hatte zeitlebens eine heilige Furcht davor, daß durch ihn der Name des Herrn entheiligt werden könne. Er bat Gott, ihn lieber sterben zu lassen, ehe er ihm Schande mache.

Auch im Blick auf die Nöte, die durch körperliche Leiden hervorgerufen werden, gilt es von Georg Müller:

„Ein Mensch gleich wie wir ...“ Der Mann, der so Großes geschaffen hatte, besaß keine robuste Gesundheit. In seinem Tagebuch ist häufig davon die Rede, wie er unter körperlicher Schwäche und Unfähigkeit litt. Lange Zeit hindurch machte ihm die Angegriffenheit seines Körpers viel Not. Er fürchtete, seinen Verstand zu verlieren. Daß er dabei in besonderer Weise reizbar war, hat ihn tief gedemütigt. „Oft war es sogar, als ob ein ihm sonst ganz fremdes, satanisches Gefühl in ihm aufkäme.“

In diesen immer wiederkehrenden Zeiten der Schwachheit hat er gelernt, die Sorge für seine Gesundheit seinem Herrn zu überlassen, der seines Lebens Kraft war (Ps. 27, 1). Gewiß hat er sich einer gesunden Lebensweise befleißigt, aber auch in Zeiten der Krankheit war die Hauptsache für ihn der Umgang mit Gott. „Er machte die Erfahrung, daß es weit besser sei, nicht zuviel an das körperliche Befinden zu denken, und dafür sich völlig der Pflege seiner geistlichen Gesundheit und der Sorge für das Werk des Herrn hinzugeben. Er machte sich von aller Sorge um seinen Leib los, besonders von der ängstlichen Beobachtung der Krankheitserscheinungen, womit sich so viele Kranke das Leben schwer machen, indem sie von einem Arzt zum andern gehen und von einem Heilmittel zum andern greifen.“

Georg Müller hat es erfahren, daß Gott ihn ohne ärztliche Hilfe eines Tages von einem langwierigen Leiden heilte. Und doch hat er sich auch mehrmals der geschickten Hand eines Arztes anvertraut, der ihm durch eine Operation Hilfe brachte. So handelte er in aller Nüchternheit jeweils nach dem Maß des Glaubens, der ihm gegeben war.

Der Mann, von dem sein Biograph sagt: „Der Kampf gegen die Kränklichkeit begleitete ihn fast lebenslang", konnte in seinem 92. Lebensjahr sagen: „Ich bin imstande, jeden Tag ein volles Tagewerk an Arbeit zu bewältigen und mit solcher Leichtigkeit, als nur je seit 70 Jahren." — Der lebendige Gott hat an ihm erfüllt, was Joel 2, 25 verheißen ist: „Ich will euch die Jahre erstatten, welche die Heuschrecken gefressen haben." Die verlorenen Jahre der Sünde wurden ihm in einem langen Leben zur Ehre Gottes reichlich erstattet.

„Georg Müller führte diese Erhaltung der Lebenskraft auf drei Ursachen zurück: erstens, daß er sich *übe, ein unverletztes Gewissen* zu haben vor Gott und den Menschen; zweitens auf die *Liebe zum Wort Gottes* und die beständig *verjüngende Kraft, die dieses auf sein ganzes Wesen ausübe*, und drittens auf die *Seligkeit, die er in Gott und seinem Wort empfand*, die ihn vor allem Grämen und nutzlosem Sorgen bewahrte."

Seine letzte Sonntagspredigt hielt Georg Müller am 6. März 1898 in Bristol in der Kapelle in der Almastraße. Tags darauf war er in der Gebetstunde in der Bethesda-Kapelle. Am Mittwochabend gab er in der Gebetstunde im Waisenhaus noch die Lieder an. Keinerlei Erschöpfung war ihm anzumerken. Und doch war sein Leben nahe am Ziel. Als ihm am Donnerstag früh um sieben Uhr eine Tasse Tee auf sein Zimmer gebracht werden sollte, blieb das Anklopfen ohne Antwort. Die Pflegerin, die dann das Zimmer betrat, fand den Knecht Gottes tot neben seinem Bette liegen. Der rasch herbeigerufene Arzt stellte als Todesursache eine Herzschwäche fest. Es war der 10. März 1898, als Gott seinen Diener zu sich in die Herrlichkeit holte.

Als am Montag, dem 14. März, die sterbliche Hülle Georg Müllers zu Grabe getragen wurde, säumten Zehntausende den Weg, den der Leichenzug nahm. Alle empfanden es, daß ein Fürst Gottes unter ihnen gewesen war.

„... ihre Werke folgen ihnen nach" (Offb. 14, 13)

Viel „Frucht, die bleibt", ist der Ertrag des Lebens, von dem auf diesen Blättern berichtet wurde. Das Leben Georg Müllers barg einen Inhalt, der nicht aus ihm selbst, sondern aus Gott stammte.

Über siebzig Jahre lang hat Georg Müller das Evangelium von Jesus Christus, dem Retter seines Lebens, des Heilands der Welt, bezeugt.

Für 10024 Waisenkinder war er an Gottes Statt Vater, Versorger und Erzieher. Durch sein Beispiel veranlaßt, gingen auch in Holland und Japan Menschen ans Werk, um Waisenhäuser zu gründen.

Und welche Summen an Geld wurden diesem Mann, der dem Geiz und der Habsucht feind war, anvertraut! Der Betrag, der zu seinen Lebzeiten für das Waisenwerk ausgegeben wurde, erreichte die Höhe von 19776580 Mark. Mit den Zuwendungen für andere Missionswerke, wie Bibelverbreitung, Sonntagsschulen, Äußere Mission, waren es innerhalb von 60 Jahren über 30 Millionen Mark.

Georg Müller, durch dessen Hände solche Summen gingen, starb beinahe mittellos. Er hinterließ 1200 Mark, die aber auch schon zur Verwendung für die Sache Gottes bestimmt waren. — Der letzte Satz in seinem Testament zeigt uns, welches die geheime Triebkraft seines Lebens war: „Ich kann nicht anders als staunen über die wunderbare Gnade Gottes, die mich den Herrn Jesus hat finden lassen zu einer Zeit, da ich noch ein leichtsinniger und gedankenloser junger Mensch war, und daß er mich in seiner Furcht und Wahrheit erhalten hat und mir die große Ehre hat zuteil werden lassen, ihm so lange zu dienen."

Auf die Frage nach dem Geheimnis des Segens, der auf seinem Leben lag, hat er die Antwort gegeben: „Es gab einen Tag, an dem ich starb, gänzlich starb. Ich starb Georg Müller, seinen Meinungen, seinen Liebhabereien, seinem Geschmack und Willen, — ich starb der Welt, ihrem Beifall oder ihrem Urteil, — ich starb sogar dem Beifall oder Tadel der Brüder und Freunde, — und seit der Zeit habe ich nach nichts mehr gestrebt, als daß Gott mein Tun billige."

Die Liebe seiner Waisen hat ihm auf dem Friedhof von Arno-Vale einen Gedenkstein gesetzt, dessen Inschrift lautet: „Zur liebenden Erinnerung an Georg Müller, Gründer der Waisenhäuser auf Ashley Down, geb. am 27. September 1805, heimgegangen am 10. März 1898. Er vertraute seinem Gott, ‚dem kein Ding unmöglich ist', und seinem geliebten Sohn Jesus Christus, unserem Herrn, der gesagt hat: ‚Ich gehe zum Vater, und was ihr bitten werdet in meinem Namen, das will ich tun, auf daß der Vater geehrt werde in dem Sohn', und seinem vom Heiligen Geist eingegebenen Wort, das erklärt, daß ‚alle Dinge möglich sind dem, der da glaubt'. Und Gott erfüllte diese Verheißungen in der Erfahrung seines Knechtes, indem er es ihm möglich machte, für etwa 10000 arme Waisenkinder zu sorgen. Dieser Gedenkstein wurde aus den freiwilligen Liebesgaben vieler dieser Waisen errichtet."

Nachtrag

Mancher Leser hat vielleicht die Frage, wie es heute mit dem Werk Georg Müllers steht. Ihm darf gesagt werden, daß es in der Glaubenshaltung seines Gründers weitergeführt wird. Äußerlich zwar gab es entscheidende Veränderungen. Die fünf Waisenhäuser in Ashley Down wurden verkauft. Entsprechend dem neuzeitlichen Familiensystem sind je 10—15 Waisen heute in Kinderheimaten untergebracht. In der innersten Einstellung aber hat sich nichts geändert. Der Geist des Glaubens und des Gebets, in dem das Werk einst begonnen wurde, ist auch heute noch lebendig und bestimmend.

Quellen-Nachweis

Dr. Otto Frommel, Frommels Lebensbild, Bd. I. Mittler und Sohn. Berlin 1902.

Maria Kroeker, Ein reiches Leben. Erinnerungen aus dem Leben des Missionsdirektors Jakob Kroeker. Kurt Reich Verlag, Wüstenrot.

Graf M. M. Korff. Am Zarenhof. Brunnen-Verlag, Gießen-Basel.

R. S. Latimer, Ein Bote des Königs. Dr. F. W. Baedekers Leben und Wirken. Emil Müller Verlag, Barmen. 1927.

D. A. T. Pierson, Niemals enttäuscht. Das Leben Georg Müllers. St.-Johannis-Druckerei, Lahr-Dinglingen. 1946.

Von Karl Weber sind noch erschienen:

KLARER KURS IN WIRRER ZEIT
Weg und Wort des Evangelisten Elias Schrenk. 144 Seiten, TELOS-Taschenbuch Nr. 52
(Neuauflage von „Elias Schrenk und seine Botschaft")
Erschienen im Verlag der Liebenzeller Mission, Bad Liebenzell

Durch diese Veröffentlichung finden wir leicht Zugang zu Weg und Botschaft von Elias Schrenk, dem Bahnbrecher der Evangelisation. Pfarrer Erich Schnepel schreibt dazu: „... die wuchtigen Sätze von Elias Schrenk wirken wie Felsblöcke inmitten eines geistigen Strudels, der unsere Kirche mit dem Untergang bedroht. Sie können uns den Weg weisen, der Zukunft hat."

ERWECKUNG DES VOLKES GOTTES
Aus dem Leben und Wirken des Propheten Samuel
80 Seiten, brosch.
Erschienen im Brunnquell-Verlag, Metzingen

Aus dem Vorwort: „Die kleine Schrift kann dem Leser großen Mut zur Bibel und zur Hingabe an den Herrn machen. Zugleich will sie uns lehren, was Erweckung einst und heute ist, was sie hindern kann, aber auch, wie sie gestaltend und verwandelnd in das Einzelleben und das Leben des Volkes Gottes eingreift."

Wer sich eingehender über das Leben und Wirken Georg Müllers unterrichten möchte, sei auf das ausführliche Buch von Arthur T. Pierson hingewiesen.

„Ich erinnere mich, wie mein Vater mir, als ich Student war, das Buch von

Arthur T. Pierson, NIEMALS ENTTÄUSCHT — das Leben Georg Müllers aus Bristol (254 Seiten, kartonierte Volksausgabe)

empfahl. Es ist die glaubensstärkende Geschichte des berühmten Waisenvaters, die in jeder rechten christlichen Bücherei zu den Standardwerken gehört." Das schrieb Pastor Wilhelm Busch über die neubearbeitete Auflage der in weit über 50 000 Exemplaren verbreiteten Lebensbeschreibung.

Erschienen im Verlag der St.-Johannis-Druckerei,
Lahr-Dinglingen